ZERO
CONSULTING
零牌顾问机构

零牌管理书系③

践行中国

微案例·全球卓越经营管理实践（二）

怀海涛　赵雅君◎主编

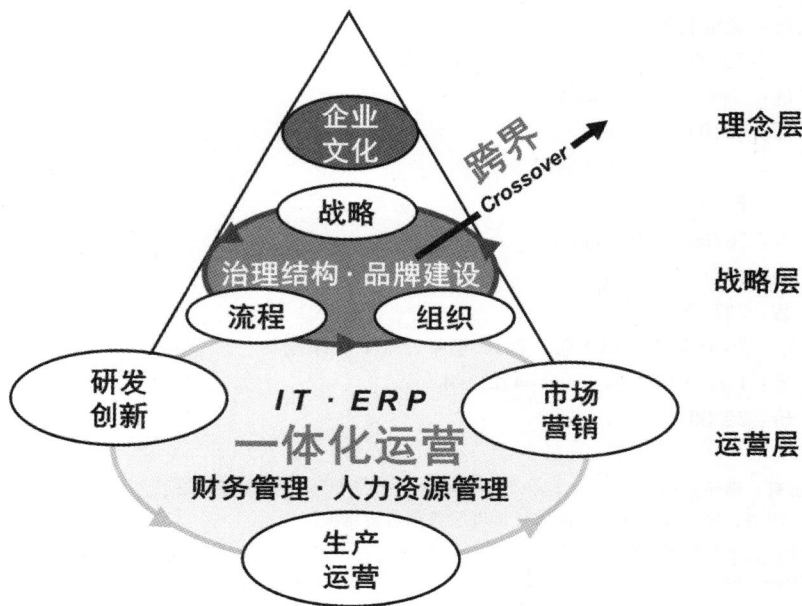

经济管理出版社
ECONOMY & MANAGEMENT PUBLISHING HOUSE

图书在版编目（CIP）数据

践行中国/怀海涛，赵雅君主编. —北京：经济管理出版社，2016.2
ISBN 978 - 7 - 5096 - 4221 - 4

Ⅰ. ①践… Ⅱ. ①怀…②赵… Ⅲ. ①企业经营管理 Ⅳ. ①F270

中国版本图书馆 CIP 数据核字（2016）第 013013 号

组稿编辑：张　艳
责任编辑：胡　茜
责任印制：司东翔
责任校对：张　青

出版发行：经济管理出版社
　　　　　（北京市海淀区北蜂窝 8 号中雅大厦 A 座 11 层　　100038）
网　　　址：www. E - mp. com. cn
电　　　话：(010) 51915602
印　　　刷：三河市延风印装有限公司
经　　　销：新华书店
开　　　本：787mm×1092mm/16
印　　　张：14
字　　　数：227 千字
版　　　次：2016 年 4 月第 1 版　2016 年 4 月第 1 次印刷
书　　　号：ISBN 978 - 7 - 5096 - 4221 - 4
定　　　价：39.00 元

零牌管理书系编辑委员会

零牌管理书系书目

书　名	作　者
《员工职业化修养》	刘　璋
《行知世界——微案例·全球卓越经营管理实践（一）》	怀海涛、赵雅君
《践行中国——微案例·全球卓越经营管理实践（二）》	怀海涛、赵雅君
《水样组织·一体化运营——零牌技术地图集》	祖　林、怀海涛
《迪声悠扬——跨界·零牌亲子互动文集（一）》	陈启迪
《跨界：从解困到突破》	祖　林、熊　江
《挣扎的日本和困惑的中国》	木元哲、祖　林
《向佛教学管理》	熊　江、祖　林
《分享营销》	周祖岳
《中国制造的世界级战略》	祖　林、怀海涛
《不会说话别当头》	祖　林
《制造业生产成本削减实战》	祖　林、怀海涛
《班组管理：从优秀到卓越》	陆久刚、张　帆
《班组现场精细化管理》	陆久刚、张　帆
《精益培训方式：TWI 现场管理培训手册》	［美］帕特里克·格劳普、罗伯特·J. 朗纳 著 刘海林、林秀芬翻译 祖　林校译
《技术性营销与一体化作战》	赵雅君、梁　莹、简惠宽
《计件制工资改革》	怀海涛、陆久刚、张　帆

总　序

水样组织，一体化运营

为朋友救场的一堂"企业物流管理实务"课程，直接导致一个中国新锐咨询机构的诞生。

从 2001 年 4 月 8 日第一次正式向客户提交项目方案，零牌顾问机构至今创立 14 周年。回顾 14 年的发展历程，零牌顾问机构经历了组建工作室（零牌专家组）、知识产品开发、成立公司（广州零牌企业管理顾问有限公司）、品牌再造和全面业务拓展等多个阶段，品牌建设一直贯穿其中。

2005 年 9 月，作为零牌顾问机构创始人，初露头角的我进入华南理工大学工商管理学院兼职任教，承担《生产运营管理》教学工作；2009 年 5 月，被聘为中山大学高等继续教育学院兼职教授，主讲《组织行为学》。十年大学工商管理教育的历练，极大地拉动了零牌顾问机构的理论体系建设，2010 年起，零牌顾问机构的专家团队已经常态化地在华南理工大学和中山大学的讲台上为中国产业发展服务。

如今，零牌顾问机构已经是国内有一定知名度的培训咨询机构，成为中国管理咨询行业独具特色的顾问公司：聚焦企业一体化运营研究（见图 1），咨询业务通过项目拉动企业变革，培训课程帮助企业补充微量元素，全球跨界学习激发企业创新灵感、助力企业突破发展瓶颈，零牌木元塾则为中国培养具有国际化视野和经营能力的新锐企业家。

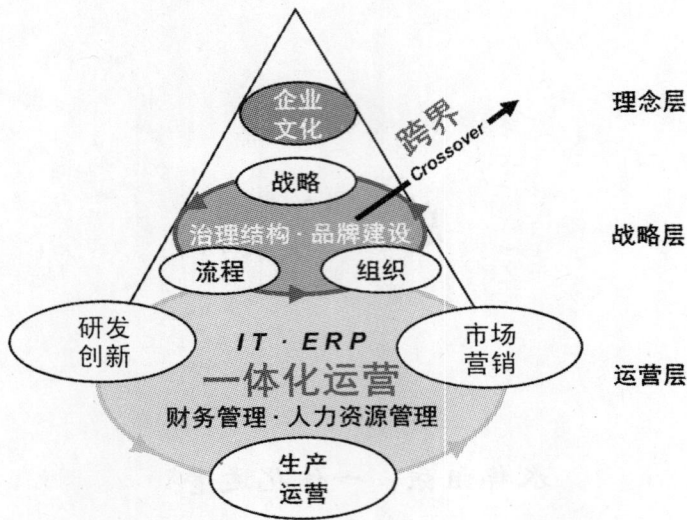

图1　企业一体化运营大地图

资料来源：ZERO Consulting 零牌顾问机构。

14 年来，零牌顾问机构原创性地开发和建设了拥有自主知识产权的知识库，包括技术地图库、课程提纲库、讲义库、练习库、案例库、音像案例库、项目案例库、调查问卷库、试题库、原创文章库、管理书系和音像课程库等。

零牌知识库是零牌专家团队与全球前沿思想和中国本土实践一体化互动的结晶，其开发过程逐步形成了零牌顾问机构的技术创新特色。14 年来，零牌顾问机构从以现场为中心的精益生产逐步拓展到制造人力资源、销研产一体化，从接受华南理工大学工商管理学院关于先进制造技术（AMT）和先进制造业（AMI）的研究，逐步拓展到组织变革、企业顶层设计（见图2）、世界级制造（WCM）和工业4.0。

不论研究领域如何演变，零牌顾问机构始终以一体化运营为内核，从营销、研发和生产一体化，到战略、流程和组织一体化，再到理念层、战略层和运营层一体化，14 年来，零牌顾问机构与时俱进，取得了一系列理论创新成果，"水样组织"、"一体化运营"、"跨界工作机制"、"人才盘点"、降成本作战大地图（见图3）……这些读来新鲜的工商管理词汇并非浮云，而是切实指导零牌顾问机构推动企业组织蜕变、强化国际竞争力、构建组织DNA 的理论武器。

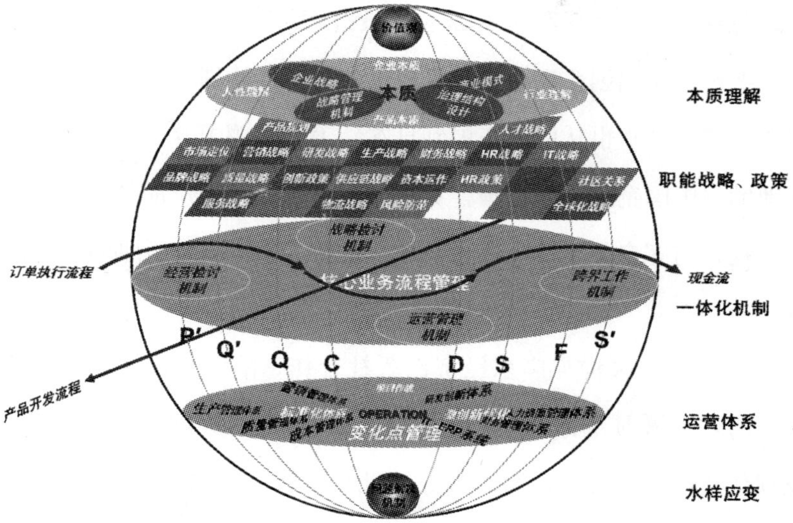

图 2　企业顶层设计大地图

资料来源：ZERO Consulting 零牌顾问机构。

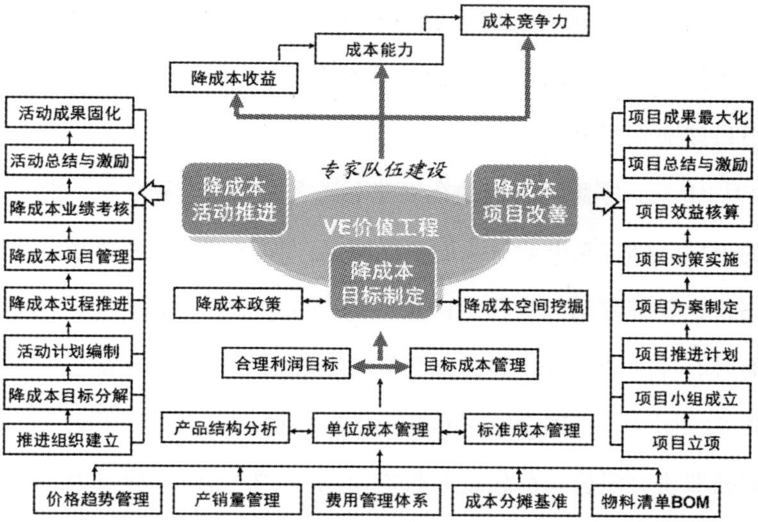

图 3　企业降成本作战大地图

资料来源：ZERO Consulting 零牌顾问机构。

正是因为理论体系的创新支持，零牌顾问机构在市场竞争中独树一帜，业务领域从培训、咨询、全球跨界学习到经营塾（零牌木元塾），客户群体不断扩大，从五百强外资企业、民营企业、上市公司到创业型企业，客户生命周期连续创新高。2013 年开始，业务常年处于饱和状态，零牌课堂也从中国拓展到日本、美国和德国等。

为了更好地助力中国企业产业报国，零牌顾问机构的知识产品从课程、辅导拓展到管理书籍、音像课程，与客户的互动方式也从单一的课堂和现场，增加了网站、微信、QQ、电话和邮件等。

2005 年起，零牌顾问机构与广东经济出版社合作，陆续推出了零牌管理丛书；2011 年起，应中国台湾咨询培训界前辈林荣瑞老先生之约，零牌顾问机构的若干本专著被纳入厦门大学福友现代实用企管书系；2012 年，应北京中智信达总经理王建敏女士之约，零牌顾问机构在中国工商联合出版社出版了《中国制造的世界级战略》。零牌管理书籍出版发行后受到广大企业界读者的好评，印数屡创新高，图书陆续再版。

早在 2003 年，担任首席顾问的我就有一个愿望：有朝一日在一家出版社全面出版"零牌管理书系"，随着零牌顾问机构的发展，这个愿望也日益强烈。2013 年，当零牌技术地图库达到 100 张地图时，出版《零牌技术地图集》的灵感和冲动被激发，我突然发现，零牌管理书系该破壳而出了。

2014 年 12 月 31 日，零牌顾问机构在福建下洋客家围屋召开年会，北京华夏智库文化传播有限公司的王欣老师打来电话，我们毅然决定：2015 年，零牌管理书系正式起航。

零牌管理书系是零牌顾问机构和中国企业的共同平台，不但是 14 年来零牌知识体系建设的结晶，而且有零牌企业客户和优秀学员的经验实践总结，也就是说，零牌管理书系的作者包括零牌专家团队、中国企业家和企业干部。这一定位得到了诸多企业界朋友的热烈响应，泰豪科技股份有限公司前任副总裁刘璋先生、广州市汇奥机电有限公司董事长兼总经理周祖岳先生等都表达了在零牌管理书系中出版专著的愿望。

感怀于 14 年来国内企业界对零牌顾问机构的信任和支持，投身国家产业转型和企业蜕变的时代洪流，零牌顾问机构希望以零牌管理书系作为另一种途径，与中国企业互动，与中国企业家互动，与广大干部员工互动，与企业经营管理实践互动。

　　在零牌管理书系面世之际，我们衷心感谢14年来关心支持零牌顾问机构的广大客户和学员，特别要感谢全国知名培训师万宗平老师，华南理工大学许晓霞、谢菠兰老师，中山大学韦小妹、刘正生老师，松下电器（中国）前总裁木元哲导师，北京航空航天大学欧阳桃花教授等。

　　在这里，作为创始人和首席顾问，我还要特别感谢至今还奋斗在零牌顾问机构服务一线的创始员工刁爱萍、赵雅君、怀海涛和梁莹老师，特别感谢曾经为零牌发展做出贡献的聂琳、李宏迎、简建民、黄辉强、谢铨、杨彬誉、袁文、陈汉波、宁静和李煜等老师，特别感谢方行国际董事长吴培华老师、日本松下电器安本刚基先生、日本一桥大学中国交流中心志波干雄教授、日本金桥商务社长杨金峰女士和日本万达旅运社社长西内路子女士等事业伙伴。

　　零牌管理书系的孕育和诞生，也得到了中国出版界张晓兰老师、沙林琳老师、刘颖老师和冯巩辛老师等的关怀和帮助，在此一并感谢。期待零牌管理书系结合零牌顾问机构的培训、咨询、全球跨界学习和零牌经营塾业务，开创零牌团队产业报国的新篇章。

零牌顾问机构首席顾问　祖　林

序

放眼全球　胸怀天下

　　零牌足迹遍全球，思考眼光看天下。14 年来，零牌顾问机构抱持产业报国之志，与中国企业实践互动，不但创造了诸多成功企业项目，也撰写了诸多优秀实践案例，零牌原创文章从《现代班组》专栏起步，到《调查与研究》、《商初》和《中外管理》等媒体文章，温情脉脉、其心可鉴。

　　2006 年底，首席顾问祖林老师被聘为刚刚创刊的《现代班组》杂志社编辑指导委员会专家成员；2007 年 1 月，零牌顾问机构开始在《现代班组》开设专栏，应邀发表国内外企业在班组管理方面的案例文章。

　　2008 年 4 月，祖林老师随华南理工大学工商管理学院企业家代表团赴日本游学，因为临时工作需要，首次担任了海外学习的课程导师，承蒙方行国际董事长吴培华先生抬爱，开启了零牌顾问机构的海外教学。至今，零牌顾问机构 CLP 全球跨界学习已经涉足美国、德国、瑞士、日本和韩国等多个国家。也是从那时起，《现代班组》的应慧娟老师开始向零牌顾问机构约稿，开设域外瞭望专栏，发表国外企业卓越经营实践的案例文章。

　　2008 年 12 月，祖林老师在广东省企业联合会《调查与研究》发表《全面涨势环境中的工厂出路》；2013 年 8 月，零牌顾问机构创办内刊《达人论道》，开始专题性地分享原创系列文章；2014 年 7 月，祖林老师应北京乐知信达图书有限公司之约在《商初》杂志上发表文章《从顺丰"嘿客"看 21 世纪跨界创新》。

2015 年 7 月，零牌顾问机构创办零牌木元塾塾刊《元》，定期将零牌木元塾的塾学专题整理成原创系列文章，受到塾友和广大企业家及职业经理人等读者的好评，并得到《中外管理》和《现代班组》杂志社的选用，部分文章被公开发表。

至今，零牌顾问机构已经在上述杂志、内刊和项目资料中陆续发表文章百余篇达数十万字，涉及企业战略管理、组织变革、品牌管理、市场营销、跨界创新、世界级制造和人力资源开发等方面，实践案例来自美国、德国、日本和中国本土企业的经营现场，零牌案例文章以来自一线、短小精悍、图文并茂、数字翔实和可借鉴性强等特点，受到读者们的喜爱。2015 年 1 月，零牌原创知识库在技术地图库、课程提纲库、讲义库、练习库、案例库、音像案例库、项目案例库、调查问卷库、试题库、管理书系和音像课程库的基础上，新增了原创文章库。

正所谓"他山之石，可以攻玉"，零牌顾问机构用案例文章这样一种形式，与大学MBA 教学、实战培训、全球跨界学习和零牌木元塾形成很好的互补，在更广大范围与中国企业、企业家和职业经理人互动。

如今，写文章已经是零牌顾问机构所有员工的常态化工作，从首席顾问到服务专员，从一线管理到企业战略，零牌原创文章的发表历程从另外一个角度见证了零牌顾问机构的成长。赵雅君老师撰写的《德国企业的小镇情怀》，梁莹老师撰写的《求证日本小微企业的品牌经营》，简惠宽老师撰写的《置身日本企业的体验式营销》，祖林老师撰写的《以色列：战争环境中的企业经营》、张帆老师撰写的《载歌服饰的员工幸福感管理》……从一个个吸引眼球的标题就可以感知，零牌文章都是大家的用心之作。班组自由组合、从产品工厂到人才工厂、宝马工厂折射德国工业 4.0……这些来自全球企业实践的卓越案例，让人视野大开、豁然开朗。

2015 年，在规划零牌管理书系时我们就有一个愿望：把在不同时间和各个刊物发表的零牌原创文章结集出版，让独立成文的零牌文章形成一个整体，更好地为中国企业实践提供全球借鉴。

如今，这个愿望马上就要实现了，零牌顾问机构原创案例文章以"微案例·全球卓越经营管理实践系列丛书"的形式出版，第一辑《行知世界》和第二辑《践行中国》已然成形、即将付印，再读一篇篇来自经营一线的同人文章，一个个鲜活的现实案例跃然纸上。

汇编成册的《行知世界》和《践行中国》，结构完整、案例翔实。《行知世界》收录了企业战略、战略性营销、研发创新和世界级制造四大方面的 40 篇案例文章，主要是美国、日本和德国企业的经营实践；《践行中国》收录了组织变革和人力资源开发两大方面共 40 余篇案例文章，主要介绍中国企业的管理实践，其中人力资源开发的内容涵盖领导力、4J 技能、人才培养、一线文化和职业发展等。令人非常欣慰的是，虽然有些文章已经发表数年，但现在读来，依然观点独特、案例鲜活、文字隽永，在今天仍有很强的时代感和可借鉴性，散发着活力气息。

《行知世界》和《践行中国》以零牌顾问机构专家团队的原创案例文章为主，还收录了少数零牌客户撰写的案例文章，主要有艾利（中国）有限公司李柏楼的《任东行初出江湖》和泰豪科技股份有限公司前副总裁刘璋撰写的《聚焦人的改变 培养改善文化》，前者是零牌培训课后实践作业的代表佳作，后者是零牌咨询项目的论文文章，折射出了零牌顾问机构与中国本土企业在培训和咨询方面卓越互动的现实成果。

现在，零牌顾问机构应多家管理期刊的约稿，每个月都有案例文章发表，《行知世界》和《践行中国》两本专辑是我们对过去多年工作的一个小结，今后，我们将陆续出版微案例·全球卓越经营管理实践专辑，以飨读者。

跨界学习补充微量元素、激发创新灵感。在本书付梓之际，我们要特别感谢长期关注和支持零牌顾问机构咨询培训事业的《现代班组》总编张东晖老师和编辑应慧娟老师、《中外管理》编辑朱丽老师、方行国际董事长吴培华先生和松下电器（中国）前总裁木元哲导师。愿《行知世界》和《践行中国》的出版，能够为转型中的中国企业提供更广阔的思维借鉴。

怀海涛
2015 年 10 月　广州

作者简介

祖　林　中国跨界学习知名导师，企业运营管理权威专家，全国知名培训师。祖林教授是中山大学 CLP 全球跨界学习总裁研修项目导师，多年潜心研究跨界创新，涵盖战略转型、国际化经营、组织变革和全球商业领导力等，2008 年起带团赴日本、美国、德国和瑞士等十余个国家进行全球跨界学习，被誉为"企业家身边的实战派教授"。

怀海涛　零牌顾问机构资深顾问，华南知名新锐培训师，制造人力资源管理实战专家，中山大学高等继续教育学院兼职教授，华南理工大学工商管理学院特聘讲师，《现代班组》特约撰稿人。

赵雅君　营销管理高级顾问、职业培训师，零牌顾问机构服务总监、零牌木元塾创意人，CLP 全球跨界学习中心主任。在高技术含量产品的策略性营销和高端客户的金牌服务方面形成了独具特色的工作方法，尤其擅长策划营销活动，进行精准营销。

陆久刚　精益生产与团队建设实战专家，华南新锐培训师，中山大学生产总监高级研修班课程讲师，零牌顾问机构高级顾问、职业培训师。

张　帆　精益生产实战专家，华南新锐培训师，零牌顾问机构管理顾问。擅长整体体系的策划，在宏观布局中找准突破口，通过具体课题、项目推进，以小见大，切入企业变革。

简惠宽 人力资源管理实战专家，一线顾问式营销专家，零牌顾问机构营销管理高级顾问、职业培训师。

梁 莹 一线服务型营销专家，职业培训师，零牌顾问机构服务经理，CLP全球跨界学习中心教学主任。

刘 璋 质量管理专家，泰豪科技股份前副总裁、质量总监，卓越绩效实务专家、高级工程师。

欧阳桃花 北京航空航天大学商学院教授，清华大学经济管理学院博士后，日本神户大学管理学博士，武汉大学管理学硕士。擅长管理实证研究和中外企业比较研究。

刘小英 一线服务新星，零牌顾问机构服务专员。毕业于南昌大学，经过多年业务历练，学得快、冲劲足，吃苦耐劳，抗击打，号称"打不死的小强"，是"90后"中的新秀。2015年9月开启职业培训师生涯。

作者简介

祖　林　中国跨界学习知名导师，企业运营管理权威专家，全国知名培训师。祖林教授是中山大学 CLP 全球跨界学习总裁研修项目导师，多年潜心研究跨界创新，涵盖战略转型、国际化经营、组织变革和全球商业领导力等，2008 年起带团赴日本、美国、德国和瑞士等十余个国家进行全球跨界学习，被誉为"企业家身边的实战派教授"。

怀海涛　零牌顾问机构资深顾问，华南知名新锐培训师，制造人力资源管理实战专家，中山大学高等继续教育学院兼职教授，华南理工大学工商管理学院特聘讲师，《现代班组》特约撰稿人。

赵雅君　营销管理高级顾问、职业培训师，零牌顾问机构服务总监、零牌木元塾创意人，CLP 全球跨界学习中心主任。在高技术含量产品的策略性营销和高端客户的金牌服务方面形成了独具特色的工作方法，尤其擅长策划营销活动，进行精准营销。

陆久刚　精益生产与团队建设实战专家，华南新锐培训师，中山大学生产总监高级研修班课程讲师，零牌顾问机构高级顾问、职业培训师。

张　帆　精益生产实战专家，华南新锐培训师，零牌顾问机构管理顾问。擅长整体体系的策划，在宏观布局中找准突破口，通过具体课题、项目推进，以小见大，切入企业变革。

简惠宽　人力资源管理实战专家，一线顾问式营销专家，零牌顾问机构营销管理高级顾问、职业培训师。

梁　莹　一线服务型营销专家，职业培训师，零牌顾问机构服务经理，CLP 全球跨界学习中心教学主任。

刘　璋　质量管理专家，泰豪科技股份前副总裁、质量总监，卓越绩效实务专家、高级工程师。

欧阳桃花　北京航空航天大学商学院教授，清华大学经济管理学院博士后，日本神户大学管理学博士，武汉大学管理学硕士。擅长管理实证研究和中外企业比较研究。

刘小英　一线服务新星，零牌顾问机构服务专员。毕业于南昌大学，经过多年业务历练，学得快、冲劲足、吃苦耐劳，抗击打，号称"打不死的小强"，是"90 后"中的新秀。2015 年 9 月开启职业培训师生涯。

目　录

第二篇　人力资源开发

领导力

· 1 ·

职业发展

第一篇

水样组织

卢庆：^①"潜伏"，参与东风日产大区制变革

简惠宽　零牌顾问机构服务经理

2011 年底，营销总部组织变革正式实施。2012 年东风日产一路高歌猛进，虽然受中日关系影响，东风日产在当年并未达成 100 万台的销售目标，但地区营销变革却使东风日产基本建立了年销售 100 万台的组织体系。

要想成为真正的大象或者更大的大象，必须学会跳舞。2012 年 1 月，东风日产实施以地区制为核心的营销变革。这不是一个简单的动作。

对于 2012 年的中国汽车市场预期，多数企业都认为在 5% 左右，且"左"的可能性更大一些。东风日产却制定了 100 万台的销售目标，这需要该公司在 2011 年的 80 万台的基础上提升 25%。这几乎是一个不可能的任务。

在高速增长的过程中，东风日产时刻警惕两个方面：一是要保持小企业的灵活性，把客户的需求放在第一位；二是时刻检讨组织和流程是否能够支撑高速增长。任勇说："我们要让大象学会跳舞。"

面对 2012 年 100 万台的销售目标以及未来 5 年东风日产 150 万台的产能规划，东风日产的管理层觉得，变革还必须继续深化，尽管东风日产在经销商体系的建设上已经较许多竞争对手高出许多，但是原有的体制仍不足以实现他们的理想。

---

① 战略人力资源管理领域的资深专业人士，全程参与东风日产人力资源体系构建，对组织变革和 HRBP 有独到的实践和体验，目前担任东风日产人事总务部副部长。

2012 年，东风日产实施以地区制为核心的组织变革，其目的就是要让自己成为大象的同时还能够跳舞，成为可以跳舞的大象（见图1）。

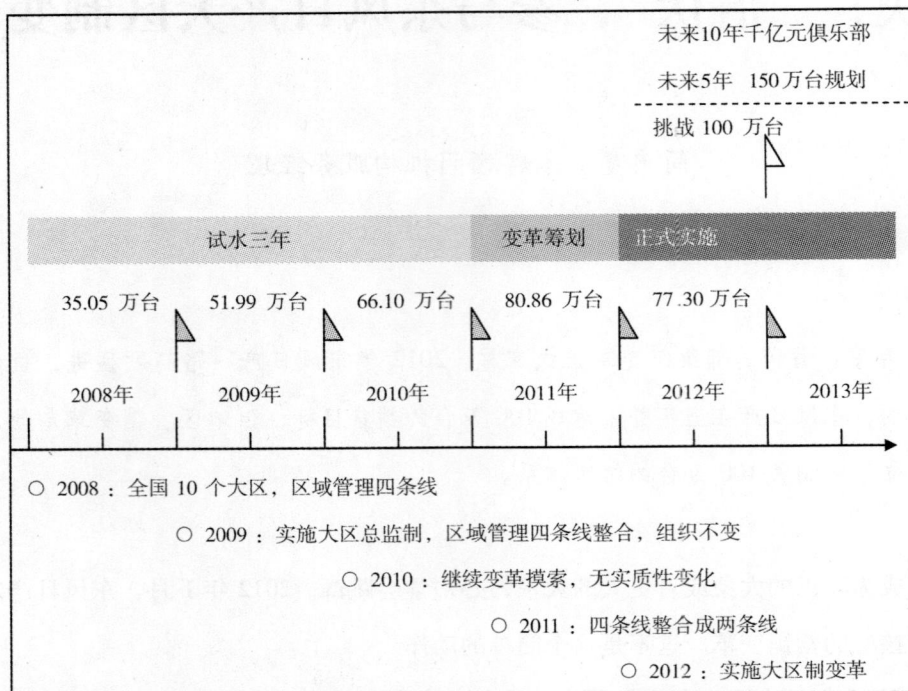

未来10年千亿元俱乐部

未来5年　150万台规划

挑战 100 万台

试水三年　　变革筹划　正式实施

35.05 万台	51.99 万台	66.10 万台	80.86 万台	77.30 万台	
2008年	2009年	2010年	2011年	2012年	2013年

○ 2008：全国 10 个大区，区域管理四条线

○ 2009：实施大区总监制，区域管理四条线整合，组织不变

○ 2010：继续变革摸索，无实质性变化

○ 2011：四条线整合成两条线

○ 2012：实施大区制变革

图1　东风日产大区制变革推进图

从 2003 年销售 6 万台，到 2010 年 66 万台，再到 2012 年挑战 100 万台，规模变化对营销组织提出了更高的要求，专营店由 100～200 家，到 500～600 家，再到现在的 1000 多家。很显然，用 6 万台的组织很难支撑 60 万台的销售，用 60 万台的组织也很难满足 100 万台的销售要求，为了适应市场、达成销售目标，组织变革势在必行。

实际上，变革并非说来就来，也并非一蹴而就。卢庆——东风日产资深员工，作为人力资源总部派出的负责人，亲历了这次组织变革。

2010 年，没有营销工作经历的卢庆从人力资源系统被调派到营销系统，在营销总部长直接领导下，负责强化营销部门的整合管理，主要统合 5 大职能部门、10 个营销大区协调工作，推进营销组织变革。

在不熟悉营销业务的情况下，变革推进者由内部"空降"过去，必然会遇到各种困难。卢庆首先要解决的问题是：熟悉业务，熟悉人员。"空降"后的第一步是熟悉营销业务，卢庆用了近半年时间，同时也对竞争对手的营销组织做了大量调研。汽车行业分工很细，需要大量的时间了解各方面业务，这也给变革团队带来了很大的工作量，卢庆认为，这是变革推进者必须做的工作，既有必要也有价值，必要性在于融入团队、融入系统，价值在于提高变革的决策质量、降低变革的风险。

在人力资源系统工作的时候，卢庆负责跨部门课题改善管理，技术经验上压力不大，挑战在于这次是 5 个职能部门和 10 个大区全方位的大协调，并且大区人员长期在外。为此，营销总部分别从 5 个职能部门各抽调一名骨干组建跨职能特战队，由卢庆管理调遣，直接对总部长负责。

整合管理首先对 10 个大区人员的每月日程、信息管理实施整合协调，特别是整合各职能部大区人员每月回公司的一周时间安排。所有职能部门与大区人员，也包括与大区管委会在这一周充分高效沟通。为了这一周的有效沟通，各职能部又必须提前规划好各自业务，并在各职能部之间达成一致，区域人员也要形成一致性意见反馈给职能部门改进。这项工作交由卢庆的特战队负责整体协调安排，最后形成营销职能管理、区域管理、整合营销、课题管理四大推进机制，并以节点会议管控的营销总部跨部门会议地图呈现，卢庆后来被同事们戏称"会长"。

整合管理过程尽管烦琐，但最终成效是显著的，其结果是：一旦有了整合规划，业务的工作就变为有序，变革的工作就变为推进。

初战告捷，特战队获得领导与同事信任，卢庆通过整合管理对营销业务流程有了全面了解。2010 年第四季度开始策划针对大区管理实施改善，对隶属不同职能部的大区人员进行调整，将四条线整合成两条线，简化东风日产面向专营店管理线，提升工作效率，为后续变革打下基础。

组织变革一定是自上而下的，高层支持和科学决策至关重要。

由于整合管理的成功，变革团队对未来地区营销组织变革有了更大信心，2011 年 3 月东风日产的营销组织变革真正拉开序幕。变革小组向高层做了一个构建营销地区制的分析报告及初步组织提案，报告基于两个方面：一是公司战略与自身条件分析；二是行业营销区域管理方式分析，都有非常翔实的报告。

在卢庆看来，实际上这是一次试探，通过把变革小组的研究结果告诉领导层，由高层发表观点，基于高层指示，变革小组再做更深入的方案。

当时，东风日产和北京现代处于非常胶着的竞争状态，争第四的位置。为了实现突破，必须选定上一层次的竞争性标杆。变革小组的策略是瞄准行业前三，研究一汽大众、上海大众的营销组织，因为它们在 2010 年就达到了 100 万台的年销售量，其营销组织对东风日产有直接的参考价值。

任勇指示：营销一定要以终端拉动，一定要贴近终端。在销量急剧扩大的情况下，当前的组织和流程显得分散而低效，若营销政策还是只由营销职能部门做出而不能与地区前线一体化作战，显然容易脱离市场。如在现场做一场营销活动，所有的职能部门都要参与，可能会出现在一个现场有三个东风日产的活动同时在搞。成立地区营销部，可以实现活动统一策划、资源统一调度、现场一个形象，能有效提升活动的营销效果。

变革小组在进行充分的市场调研和比较研究后受到极大启发，形成了一系列结论和建议，其中之一就是：一定要下沉业务，成立地区营销部。

这一建议得到了领导层的一致认可。2011 年 6 月，组织变革方案基本完成，方案的核心是使营销决策更加贴近专营店、更加快速响应市场。

为此，东风日产成立了地区营销部，地区营销部和营销总部职能部门之间的职能如何划分？经过一番探讨，结果是：确定地区营销部和营销职能部的分工原则，据此做出正式的组织设想、资源分配。上述种种，都需要变革团队研究、筹划和实施。

后续的难点在于职能部门的职责界定和资源重新分配。职能部门往往是把自己不愿做的事情丢给地区销售部门，自己想要的优势资源牢牢抓住不放，不是基于公司整体业务去考虑如何服务支持，更多的是按固有惯性去思考如何管理控制。

真正的阻力出现在 2011 年下半年，因为在这之前并没有触动相关部门的"蛋糕"——除了职能、预算分配，还有人员分配：有的部门希望把职能划走，把想要的人员保留下来，这样事情就少了，人员相对充裕。

企业一旦确定要实施变革是谁也挡不住的。基于业务分工原则进行职能分配需要宣传沟通，甚至是艰巨的谈判。对于少数阻力，变革团队通常是先获得领导层的支持，再与各个职能部门"讨价还价"，在一些细节问题上，变革小组认为对的决定，卢庆和他的同事们会用自身能力跟相关部门及人员达成一致，若不能达成一致，则会提交上级进行升级处理，最终将最有利于营销业务的地区制方案落实到位。

到 2011 年底，营销总部组织变革正式实施。2012 年东风日产一路高歌猛进，虽然受中日关系影响，东风日产在当年并未达成 100 万台的销售目标，但地区营销变革却使东风日产基本建立了年销售 100 万台的组织体系。

项目结束后，2012 年 4 月，卢庆也由"潜伏"状态浮出水面，回到人力资源系统。这次参与组织变革的经历，使卢庆对战略人力资源管理有了全新的体验和感悟。

○ 专家点评

组织变革助力战略落地

祖　林

战略决定流程，流程决定组织，流程服务于战略，组织服务于流程。东风日产制定了年销售 150 万台的中期战略目标和未来 10 年迈入千亿元俱乐部的发展蓝图，为了实现战略目标，组织变革势在必行。显然，这是一个人力资源管理助力战略落地的卓越实践案例。

变革促进和业务伙伴完美结合

吴梦华[1]

人力资源推动组织变革，助力业务发展，东风日产卢庆亲历东风日产大区制变革的体验，是变革促进和业务伙伴的完美结合，是对战略人力资源管理一个极好的注解。实践证明，人力资源管理完全可以也完全应该成为企业发展的助推手。

---

[1]　吴梦华，战略人力资源管理领域的资深专业人士，对国际化企业的本土化经营有深入实践和系统思考，曾任职于霍尼韦尔、UL（中国），目前担任托肯恒山中国区人力资源总监。

肖向阳：员工需求与企业发展相结合

梁　莹　零牌顾问机构服务经理

贝格涂料的组织变革已有 3 年时间，从效果来看：诺基亚的业务比重下降不到一半，而其他客户业务比重大幅提升；库存周期从 170 天缩减到 50 天以下，库存周转率大幅度提高；交货期则由平均 7 天降至平均 2 天，特殊订单实现 1 天交货。

人力资源管理不应该只是人力资源部门的事情，营运部门也要承担人力资源管理的职能。谈起组织变革，担任贝格工业涂料（广州）有限公司（以下简称"贝格涂料"）营运经理的肖向阳深有感触。

贝格工业涂料（广州）有限公司隶属于瑞典贝格集团。贝格集团成立于 1865 年，总部设于瑞典。经过百余年的不断发展，现在的贝格已经成为欧洲乃至全球最大的私营涂料集团，在全球设有 20 多家涂料生产工厂，销售网络遍布全球。贝格的产品包括卷材涂料、专用涂料以及木器表面涂料，是世界上领先的主要艺术颜料供应商之一。在 2012 年 7 月 11 日美国《涂料世界》（Coatings World）杂志公布的《2012 年全球顶级涂料企业排行榜》中，贝格工业涂料名列全球顶级涂料企业第 19 名。

几年前，在肖向阳刚开始负责贝格涂料营运管理的时候，正值公司内部对经营环境进行全面评估，并在此基础上得出两个基本判断：

（1）业务过于集中。贝格涂料主要用于 3C 产品，在市场上最畅销的 10 款手机中有 8 款使用了贝格涂料。当时公司 70% 的业务来自诺基亚，诺基亚 70% 的涂料也是由贝格提供的，这是一种非常危险的状况，等于把所有的鸡蛋放在一个篮子里。

（2）管理按部就班。诺基亚已经有 100 多年的历史，流程非常完善，什么事情都是按部就班。因为长期和诺基亚配套，这种风气在贝格涂料也很盛行。

基于上述判断，营运团队认为：要强化服务各种客户需求的反应能力，具体的方向是：

（1）业务分散化。从家电行业的发展经验来看，3C 市场的发展趋势也会呈现国有品牌逐渐替代外资厂商的趋势，如何服务好那些当时规模并不大的潜力客户将是提升未来业务的关键。

（2）要像管理消费品一样来管理工业品。贝格产品属于工业品，客户则属于消费品生产企业，3C 消费品需要快速反应，企业的管理方式应该更贴近客户的管理方式，对客户的要求实现快速反应，才能成就企业的竞争力。如果贝格涂料未来要应对多元客户的多样化需求，就需要快速反应。因此，按部就班的风气和工作方式需要转变。

变革是需要 Top－down（由上而下）的，虽然也有从下到上变革成功的先例，但是往往成本巨大，企业通常无法承担这样的成本。

在高层达成共识以后，肖向阳带领的营运团队对组织变革做了下述推进工作：

（1）提口号，宣导。利用各种场合、各种机会宣传变革。肖向阳的经验是：到自己都讲烦了的时候，就差不多可以开始推进了。

（2）计划。组织变革是一个比较困难的事情，需要系统考虑，要做大量的流程改进。需要提到的一点是，要学会借用外力，如聘请专业的咨询公司。

（3）阻力处理。李克强总理说"触动利益比触动灵魂更难"，组织变革必然带来责任、权力和利益的相应调整，面对阻力，肖向阳的做法是：让员工先尝试，给员工机会改变。若个别员工不改变，只有让他选择离开，这对公司和个人都是最好的结果。

（4）绩效考核和激励机制。绩效考核和激励机制应该和组织变革倡导的方向相匹配，真正起到指挥棒的作用。绩效考核与这次组织变革的有效结合，缘于一次偶然的机会。

2010 年春，国内汽车行业出现罢工事件，也影响到贝格涂料，当时听说员工见面不是问"今天吃饭了没有"，而是问"今天罢工了没有"。

贝格涂料也有员工以罢工为威胁，要求普涨工资 800 元。经过讨论，当时公司给员工的回应是：首先，我们承认公司的员工收入缺乏竞争力；其次，我们不会也不可能在这样的情况下、以这样平均主义的方式加工资；最后，公司承诺和员工一起建立一个技能考核体系和绩效评估体系，以此作为工资调整的标准。

当时贝格涂料正好要推进绩效考核工作，于是营运部和人力资源部、员工代表成立专门机构，把薪酬体系、员工技能考核体系和绩效考核体系统合起来，适时地推进了技能考核和绩效考核工作，将强化反应能力的相关指标纳入绩效考核，使员工工资增长与企业绩效提升巧妙地结合在一起，较好地解决了罢工问题。

贝格涂料的组织变革已有 3 年时间，从效果来看：诺基亚的业务比重下降到不足一半，而其他客户业务比重大幅提升；库存周期从 170 天缩减到 50 天以下，库存周转率大幅度提高；交货期则由平均 7 天降至平均 2 天，特殊订单实现 1 天交货。

回顾这次组织变革，肖向阳有几点重要的体会：

（1）变革推动者需要非常了解公司的状况、清楚组织的目标，也要非常清楚实现目标的手段和方法。组织变革要有一个周详的计划和一个循序渐进的推进过程，不是今天说要变革明天就实施。贝格涂料的变革就用了 3 年时间，将整个变革放在一个有计划的、完整的过程中，才不会出现大的波动。

（2）企业变革不应是简单的利益转移或利益分割，更不能损害基层员工的利益，而应该是追求多方共赢。

对于基层员工而言，其利益诉求是相对比较容易满足的。基层员工比较现实，如果变革能够带来效率的提升，使员工的收入有相应的增加，大多数人会支持变革。

（3）变革推动者应该是人力资源部非常好的业务伙伴（Business Partner），员工绩效和薪酬管理的变革应该在营运部门的推动下完成。

（4）关于变革的阻力突破，管理人员通常会关注个人职业发展，通过一些变革，可以了解、接触更多的东西，获得培训机会，大多数人并不会反对。对于一些摇摆分子，可以

做一些说服工作，让他参与变革过程。最后也许还有一小部分人，经过立场分析，属于真正的反对者，则需要提前做准备，应该有预案。对于经历这个过程还是不愿意改变的极少数人，让他选择离开。真正能支持一个公司成为百年老店的是文化，既然个别员工不认同这种文化，他当然可以也应该寻找与本人价值观一致的企业。

（5）在变革推动过程中，营运部门与人力资源部门应该是互动的关系。人力资源部门不能只知道人力资源领域的专业内容，还必须了解业务部门的工作；反过来，业务部门不能只知道业务领域的专业内容，还必须了解人力资源部门的工作。

例如，在推动绩效和薪酬改革的过程中，人力资源部门做结构设计，业务部门会把结构充实为在本部门可以操作的具体内容。

至于谁做负责人（Leader），可能是业务部门，也可能是人力资源部门，没有最好，只有最合适——这需要根据企业的具体情况（包括具体人选的特点）来安排。

○ 专家点评

组织变革提升企业竞争力
怀海涛

环视，企业环境正在和将要发生哪些变化？思考，企业经营如何突破困境？竞争力是组织变革的出发点和落脚点，贝格涂料用前瞻性思维和发展眼光，主动变革，充分运用员工需求，把握原则，有效地提升了企业的经营绩效和竞争力。

同舟共济，劳资共赢
冯玲[1]

组织变革的动力可能来源于企业发展，也可能来源于员工呼声，贝格涂料的卓越实践将二者巧妙结合在一起，企业和员工同舟共济、共创双赢，营运团队和人力资源部门的创造性工作可圈可点，实在是一个值得借鉴的变革案例。

[1]　冯玲，国际化人力资源管理领域的长期实践者，曾任职于艾利（中国）、安利（中国），目前担任龙沙亚太区人才管理及组织发展高级经理。

吴梦华：将人力资源管理提高到战略高度

赵雅君　零牌顾问机构营销管理高级顾问

　　什么是战略人力资源管理？新时期的人力资源管理如何提升在企业运营中的层次和贡献？资深专业人士吴梦华经过长期实践和研究，对此有自己的见解。

　　吴梦华推荐用以下模型分析人力资源管理工作。根据日常和战略两个层次，从业务和人两个维度，企业的人力资源管理职能可分成四个领域：业务伙伴、变革促进、员工向导和行政专家（见图1）。

图1　人力资源管理的二维矩阵

业务伙伴（Business Partner）：派驻到各业务部门或事业单元的人力资源管理人员，协助业务部门高层经理在员工发展、人才发掘和能力培养等方面的工作，专注于为业务部门提供一站式的人力资源解决方案，助力该部门的业务发展，被称为"业务领导人的人力资本管理师"。

变革促进（Change Agent）：为适应环境的变化，对组织进行有目的的、系统的调整和革新，推动组织变革是人力资源管理的重要工作。

员工向导（Employee Champion）：通过制定和运用专业的人力资源管理程序与制度，如公司文化、人力资源配置、招聘、培训、员工发展、薪酬福利、人才挽留、员工关系等，使公司的人力资本发挥最大的效用。

行政专家（Administration Export）：员工入职、离职、档案管理、员工投诉等，目前的趋势是越来越多的公司把行政事务外包出去。

■ 战略人力资源管理的两大领域

人力资源管理要往战略层发展，就要把工作往上拔，一个方向是变革，另一个方向就是业务伙伴，这两个领域的难度都很大，首先人力资源部要了解公司所处的外部环境，以及企业内部自身的情况，包括业务、优势、劣势、资源、威胁、机会等，"否则就谈不上什么战略高度"。

■ 战略人力资源管理应该引领组织变革

组织变革在很多情况下都是由上而下的，如果高层没有决定变革，变革通常不会发生。对于人力资源管理如何引领组织变革，吴梦华从变革流程、紧迫感管理、变革团队和变革沟通四个方面给出了自己的建议。

· 组织变革的实施流程

组织变革通常有如下步骤（见图 2）：

```
┌──────────┐    ┌──────────┐    ┌──────────┐    ┌──────────┐
│ 紧迫感管理 │──→│ 核心团队建立 │──→│  变革策划  │──→│  资源保障  │
└──────────┘    └──────────┘    └──────────┘    └──────────┘
                                                      │
┌──────────┐    ┌──────────┐    ┌──────────┐    ┌──────────┐
│  变革持续  │←──│  变革深化  │←──│  变革沟通  │←──│  激励设计  │
└──────────┘    └──────────┘    └──────────┘    └──────────┘
```

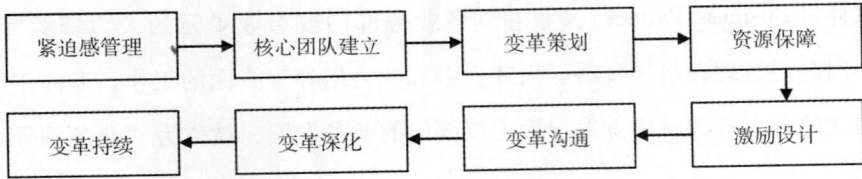

图2　组织变革的常规步骤

· **紧迫感管理**

变革管理的第一个步骤就是制造紧迫感。紧迫感从何而来，一个维度是从高管而来，因为他们站得高、看得远；另一个维度是向下传递，如果基层没有意识，变革的效果可想而知。

一个很好的做法就是长时间地充分调研，收集信息，了解业务。在这个过程中通过各种各样的沟通，传递一种紧迫感，起到教育和传达的作用。

· **组织变革的团队**

变革管理需要一个很专业的团队，其成员在职位和能力上应该有足够的说服力，成员个性、工作方式和推进工作匹配度要很高，这也要求 HR 选择合适的人员参加这个核心团队。

· **变革沟通：给员工正面感受**

员工的行为模型可以简化为：观察→感受→变化。如果员工在理念上不认同，变革过程一定会走样。

在明确了变革的目标和步骤之后，通过精练直白的口号全面进行变革的宣传，资源保障旨在消除障碍、提供支持，人力资源部门应该在推进过程中始终关注员工，员工所观察到的变化应该是给他们带来正面感受的内容，这样才能保证组织变革的有效执行。

战略人力资源管理不应该是日常事务性的，而是创造性的、助力战略落地的，吴梦华认为：在组织变革的后期，固化变革成果、沉淀变革文化、培养变革和创新文化应该是战略人力资源管理的重要方面。

冯玲：做 CEO 的顾问

李　菁　零牌顾问机构前管理顾问

在其位主断，不在其位主谋。Consultant，做 CEO 的顾问、参谋，即向领导营销。运用我们的专业度及影响力，通过意志转移，把企业变革的思路转移给 CEO，通过高水平的主谋，人力资源部门完全可以引领企业组织变革。

在一个公司里被称为左膀右臂的两个部门是：要了解公司的现状，看财务；要了解公司的未来，看人力资源。财务部门可以给公司提供体检报告及经营的指南针，在战略层面看未来，人力资源部门更像是公司的免疫系统，其作用更大，因为关乎未来的所有工作都是由人来完成的。

"为帝王师，做 CEO 的顾问。"冯玲，国际化人力资源管理的长期实践者，对人力资源管理如何引领组织变革有她独特的角度和观点。

■ 人力资源管理的三个层次：由落实、伙伴到顾问

企业是否把人力资源部门当成具有战略意义的部门，取决于人力资源管理所处的层次。

第一层，Follower（贯彻落实）。贯彻高层意愿，做好选、用、育、留。

第二层，Partner（业务伙伴）。人力资源部门需要做内外部的扫描及分析：你了解公司的营运模式吗？公司的核心竞争力在哪里？这种竞争力是持久的吗？我们的环境发生了怎样的变化？新的技术、经济、政治、法律法规对我们有什么影响？我们的客户、竞争对手有什么变化？基于这些理解，才能与 CEO 和 Line Manager 做相应层次的交流。

第三层，Consultant（经营顾问）。在变革发生之前前瞻性地提出思路和想法，在矛盾爆发和危机到来之前推动组织变革。

■ 隔山打牛，变革推动抓住三个重要客户

在执行层面，为保证变革的效果，有三个重要客户是一定要抓住的。

一是 CEO。变革推动者要学会站在 CEO 的角度看问题，急他之所急，想他之所想。

二是 Line Manager。从他们脑海中的图像入手，从他们的部门利益出发。

三是员工。告诉员工为什么变革？改变给自己带来的利益和机会在哪里？帮助他们厘清具体应该怎样做才能支持公司的改变？把变革战略解读落地成每天的实际操作。

人力资源管理工作之所以难做，就在于其工作方式是隔山打牛，庄稼种在别人地里，工作绩效及成果是通过各部门、各层级开花结果的。推进组织变革时务必把握一个简单的原则，"精于心，简于行"，通过海量信息（大数据分析技术），牢牢抓住最简单、最重要的方向。

■ 做 CEO 的顾问

在其位主断，不在其位主谋。Consultant，做 CEO 的顾问、参谋，即向领导营销。冯玲解释说，一般都是领导给我们布置工作，把他的意志转移到我们身上。同样，我们也可以运用我们的专业度及影响力，通过意志转移，把企业变革的思路转移给 CEO，通过高水平的主谋，人力资源部门完全可以引领企业组织变革。

■ 影响业务领导人

企业不但要进行组织变革，还应该持续变革，不断适应这个瞬息万变的社会及商业环境。现在，很多企业的组织变革已经进入比较深入的层面，人力资源部经常要面对不同业务单元的领导。要有效影响业务领导人：一是要及时沟通，不是跟对方强调我要什么，而是了解对方要什么；二是重塑利益结构来影响业务领导人。范蠡通过为布商免费运送货物，巧妙地贩马的故事，对组织变革有很好的借鉴意义。

■ 关联阅读

范蠡卖马

史料记载，战国名相范蠡在初出茅庐时，曾将政治上的合纵之术运用到商业中，成功获得第一桶金，流传下了"范蠡卖马"的故事。

时值诸侯割据、战事不断，范蠡发现：吴越一带需要大量战马，同时北方马匹便宜又彪悍。如果能将北方的马匹运到吴越，一定能够大获其利。

可问题就是运马难。因为当时正值兵荒马乱，沿途常有强盗出没。怎么办？经过一番调查，终于了解到北方有一个很有势力、经常贩运麻布到吴越的巨商姜子盾，姜子盾因常贩运麻布早已用金银买通了沿途强盗。于是，范蠡就把主意打到了姜子盾的身上。于是他写了一张告示张贴在城门口，大意是：范蠡新组建了一支马队，开业酬宾，可免费帮人向吴越运送货物。

果然，姜子盾看后主动找到范蠡，求运麻布。范蠡自然满口答应。就这样范蠡与姜子盾一路同行，货物连同马匹都安全到达吴越。马匹在吴越很快卖出，范蠡因此获得了巨大的商业利益。"范蠡卖马"，可以算是商业模式之"战略联盟模式"的另类演绎吧。

唐菲：组织变革是人力资源管理强大的路径

李 煜 零牌顾问机构前高级顾问

伴随着人力资源部门推动组织变革的成功案例越来越多，组织变革的知识和技巧也越来越多，人力资源部门越来越受到其他部门的推崇和尊重，这也是人力资源部门变得强大的路径。

在当前的经济低迷时期，安利的发展势头很好，依然有两位数以上的增长，安利之所以能够持续发展，就在于不断推进组织变革。谈起组织变革，长期任职于安利（中国）、拥有多年外资企业人力资源管理及人才培养发展经验的唐菲①颇有感触。

企业的组织变革通常涉及三个领域：思维、流程计划和行动。

1998 年，中国的直销行业遭受到非常严重的政策冲击。为了应对这种冲击，安利高层决定在销售形式上做变革——开店。这样的变革，对于公司运营的改变是非常大的，而且在直销行业里面没有任何可借鉴的对象。

人力资源部为这个项目做了非常周密的计划，包括开店的规模、开店的数量、全国的分布、店址的选择、人员的配置、人员的招聘和培训，以及门店与公司的行政关系、管理流程等一系列内容。在变革过程中，人力资源部遵循一个原则：看准、做对、持续。通过

---

① 唐菲，具有多年外资企业人力资源管理及人才培养发展经验，托马斯行为风格施测师，国际情商及学习力施测认证。曾任职于伟易达集团，目前担任安利大中华培训发展助理经理。

周密的计划和组织，安利的全国门店陆续顺利开张，人力资源部充分实践了变革促进的职能。

伴随着人力资源部门推动组织变革的成功案例越来越多，组织变革的知识和技巧也越来越多，人力资源部门越来越受到其他部门的推崇和尊重，这也是人力资源部门变得强大的路径。

组织变革主要体现在文化、流程和行动上。人力资源部在企业文化层面可以起到推动作用。

安利企业文化的基石是：自由、希望、家庭、奖励。企业文化落地不只是企业文化课程可以实现的，最重要的是企业在员工承诺方面做得很好，企业领导人确实是身体力行，做与企业文化一致的事情，让员工感觉到公司重视自己。

1998年危机以后，安利开始推动品牌建设（Branding），将企业文化在内部和外部进行推广，为此成立了专门的机构，主要工作包括企业文化课程、员工沟通渠道设置、公司承诺实现、公司内外部推广和企业文化活动等。2001年9月，《远东经济评论周刊》及《亚洲华尔街日报》选出安利（中国）为"中国十大最佳雇主"，这是品牌建设工作的成果体现。

怀海涛：通过项目推动企业组织变革

陆久刚　零牌顾问机构高级顾问

项目具备短、频、快的特点，目标明确、时间要求清晰、资源相对集中，在科学规划的基础上通过项目式工作方法，可以循序渐进地推动组织变革。

"通过项目带动企业组织变革是行之有效的方法。"从企业管理一线走出来又服务于企业经营管理的怀海涛教授总结说。

项目具备短、频、快的特点，目标明确、时间要求清晰、资源相对集中，在科学规划的基础上通过项目式工作方法，可以循序渐进地推动组织变革。8 年来，怀海涛老师已经帮助二十多家企业推进了数十个项目，多家企业都是三年以上持续进行，由此带来的经营业绩和竞争力提升得到企业领导人和干部团队的一致认可。"更重要的是管理团队意识观念、思维方式和工作方法的与时俱进，这才是组织变革最大的成果"，怀海涛老师补充说，"大多数实施六西格玛管理的美国企业都有自己的项目池。"

人力资源如何引领组织变革，怀海涛教授认为有三个方面需要特别得到重视：一是引领的对象和引领人本身；二是参与式管理；三是四个方面要变。

■ 引领的对象和引领人本身

根据过往组织变革的经验，组织变革引领的对象往往是企业的中层干部，他们在变革过程中关注自身利益，变革涉及职能和权力的再分配，在责权利不够明晰的情况下，绩效管理难免落空。企业领导人直接面对来自市场的激烈竞争，承担着巨大的压力，领导人发现他们的压力没有办法传递到基层甚至是中层，竞争压力在组织中不是被消化而是被消耗了，外界压力并没有转化为企业的改进动力，这是人力资源部门在推进变革过程中要面对的问题。

关于引领人本身，如果人力资源部是企业变革的引领人，那么他必须确定他具备调动资源的能力，或者他需要获得高层的授权。在推进变革过程中遇到各种原因造成的阻力时，寻求第三方的助力也是一种必要的选择。

■ 参与式管理

要突破战略落地的阻力问题，除了抓大放小和寻求高层支持，参与式管理也是克服阻力的重要方法，企业要做的是"Pay for hand，pay for head and pay for heart"。

■ 四个方面要变

第一，人力资源经理要变，必须熟悉公司营运的内部环境和外部环境，了解甚至是建议公司战略。第二，总经理要变，需要授权人力资源部门或者变革推动部门，给予他们必要的支持。第三，组织要变，组织成员要改变，组织能力要提升，组织文化也要提炼。第四，业务要变，主要反映在公司经营绩效要改善，客户方面的指标要优化，内部的流程要优化。

变革求胜——后危机时代的企业出路

祖　林　零牌顾问机构首席顾问

剧烈变革的后经济"危""机"时代，中国企业何去何从？在 MBA/EMBA 学习 20 年后，中国企业和中国企业家还应该学习什么才能从容应对全球竞争带来的挑战？

学习的目的是改变！中国企业和中国企业家显然不缺知识，而是缺乏在发展过程中突破发展瓶颈的组织变革能力！

什么是组织变革？——以变应变，持续发展

一切都在变，企业也要变。企业的持续生存和发展离不开组织变革。

环境的变化给企业不断带来挑战和机遇，以变应变是不二法则——运用行为科学和相关管理方法，对组织的结构、规模、沟通渠道、工作方式，以及组织成员的观念、态度和行为、成员间合作等进行有目的的、系统的调整和革新，以适应组织所处的内外环境、技术特征和组织任务等方面的变化，提高组织效率和效益。

为什么要组织变革？——组织变革的动力源泉

企业所处的组织环境包括大环境和小环境、外部环境和内部环境（见图1）。

大环境包括社会、政府、国家、国际组织和NGO（非政府组织），小环境包括市场、客户、竞争对手、供应商、社区、股东和员工等。

环境剧变，以变应变。不变革，则灭亡。

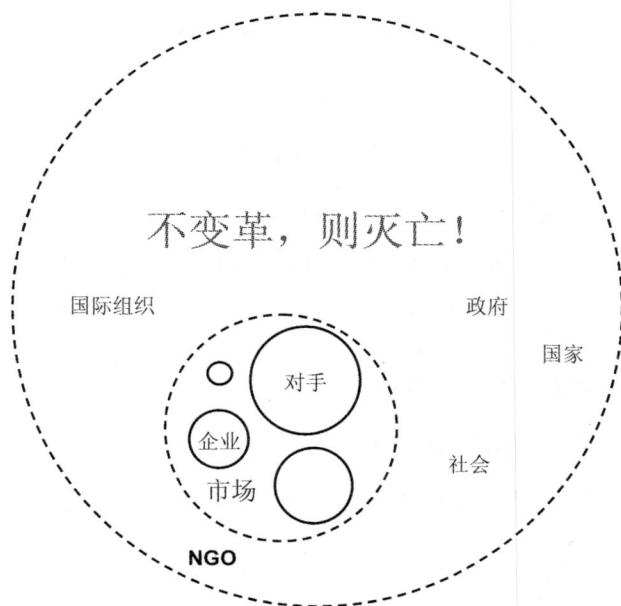

不变革，则灭亡！

国际组织　政府　国家　对手　企业　市场　社会　**NGO**

图1 企业所处的经营环境

■ 组织变革的动力源泉

·推动组织变革的外部力量

推动组织变革的外部力量通常有六种：劳动力的性质、技术进步、经济冲击、市场竞争、社会发展和世界政治。

劳动力的性质：国际化环境带来员工多元化、文化多元化和价值观多元化，新生代员工上岗，整体学历水平提高，新员工技能不足等，劳动力性质的巨大变化对企业用工提出新要求。

技术进步：新技术、新材料不断出现，信息技术发展突飞猛进，计算机及自动化程度提高，技术进步必然带来一系列变化，对企业运营形成冲击。

经济冲击：债券市场暴跌，利率波动，期货市场剧烈波动……全球经济的周期性波动已是常态，身处其中的企业当然需要"随波逐流"。

市场竞争：竞争全球化，新竞争者加入，同行兼并与联合……由此带来竞争格局的变化，企业也无法逃避。

社会发展：受大学教育者增多，结婚年龄推迟，法律法规变化，离婚率上升……企业是社会的一部分，社会发展也需要企业与时俱进。

世界政治：苏联解体，伊拉克战争，美国和伊朗冲突……非经济因素也是影响企业运营的重要方面。

·推动组织变革的内部力量

推动组织变革的内部力量通常有五种：战略转变、经营困境、边界演变、模式转变和员工呼声。

战略转变：企业一旦确定了增长战略、维持战略或者收缩战略、产品战略、市场战略、品牌战略或人力资源战略，组织就要随之变革。

经营困境：如销售停滞、利润下滑、资金流剧降、巨额亏损、股价暴跌等，企业面临的严峻形势要求企业做出调整以扭转局面。

边界演变：生产基地转移，新市场拓展，国际化，进入新领域……企业经营边界是不断演变的，三一重工把产品卖到美国，就必须考虑美国法律和美国客户的要求。

模式转变：企业的理念变化、商业模式改变、流程再造和管理创新等，组织革新是实现上述改变的必然途径。

员工呼声：出现劳资矛盾，员工重视休息权和人权，员工对工资福利出现了期望，员工需求也要求企业通过组织变革做出回应。

■ 组织变革的目标

正所谓思路决定出路。组织变革的目标主要有两个：提高组织适应变化的能力，改变员工行为。

·提高组织适应变化的能力

不但要适应变化后的环境，更重要的是建立适应变化的能力，使企业可以快速地、动态地与环境相匹配。随着技术进步，社会生活节奏越来越快、产品生命周期越来越短、消费者的审美疲劳也来得越来越快，企业的交货周期和研发周期要随之不断缩短，服务质量和创新能力要不断提高，最终体现为市场竞争最重要的要素——柔性（Flexibility）。

·改变员工行为

组织当中最重要的资源就是人。组织变革的第二个目标就是员工改变行为、适应环境的变化，通过协同效应满足组织发展需要。

怎样进行组织变革？——组织变革的切入方式

变革无疑会威胁到现状，因此它隐含地意味着政治活动，借用众所周知的一句话，"改革就是利益再分配"，企业的组织变革也不可避免地会碰到阻力。

例如，对于现有高层干部，过去贡献企业、脱颖而出，现在身居要职，是既得利益者，变革可能以牺牲某些人的利益为代价而为某些人提供机会，曾经的老功臣很可能成为变革的阻力。

组织内部的权力斗争在很大程度上会决定变革的速度和程度。现有高层也可能希望实施变革以证明自己，当被迫实行变革时，长期掌权者会倾向于实行激进变革。

■ 变革的四种切入方式

根据美国管理学界的研究，在 20 世纪 90 年代之前，企业的变革周期平均在 5 年左右，进入 21 世纪之后，企业变革周期缩短为 2 ~ 3 年。

变是肯定的，问题是怎么变？

企业的组织变革通常由技术变革、系统变革、人员变革、结构变革切入，而引领这些变革的首要前提是理念变革（见图 2），只有理念上与时俱进，其他变革才会随之发生，最终带动企业的文化变革。

·技术变革

技术是突破性的，管理是渐进性的。任何变革都要有技术支持，从技术上入手才能寻求质的突破。例如，面对新生代员工带来的管理挑战，人员流动率高、人工成本上升，仅靠人性化管理并不能从根本上解决问题，首先要做的是进行自动化、无人化改造，降低劳

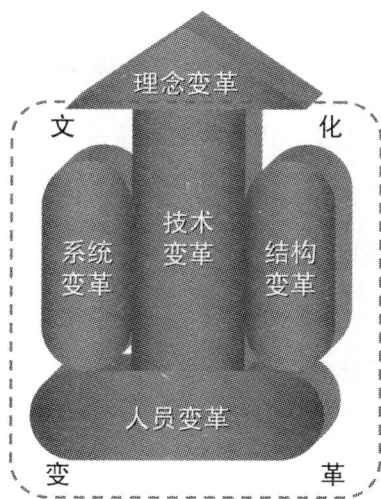

图 2　组织变革的切入方式

动密集度、减少用工数量，其次要加强系统防错设计，减少对员工技能和意识的依赖，做到岗位工作上手快，即使有一定的员工流动也对业务影响不大，最后才是实施人性化管理，充分考虑新生代员工的多方位需求。

以例为证：富士康未来 3 年增 100 万台机器人取代人力，郭台铭砸百亿元打造"机器人"王国，产值将达千亿元，伴随挑战的往往是机遇。

· 系统变革

技术变了，系统（包括流程和体系等）也要随之改变。继续上述案例：企业的自动化和无人化改造固然可以减少用工数量，对设备维护的要求却随之提高，企业务必加强全面生产维护（TPM）体系，否则人员是少了，但设备故障频发，按下葫芦浮起瓢，于事无补。因此，企业的设备管理体系和生产技术能力务必要同时加强。

· 结构变革

系统变了，企业的组织结构也要跟着变：部门设置、职能分配、岗位设计和定岗定员需要随之调整。

·人员变革

组织结构变了，人员也要跟着变。因为技术变革带来的系统变革和结构变革，对人员规模、人员结构（学历结构、年龄结构和能力结构等）和人员能力都提出了新的要求，老员工未必适应新岗位，人员调整成为必然。

■ 变革的阻力及突破方法

本质上来说，企业的组织变革是为了更好地创造价值，但由于每个人所处的位置、认识的水平不同，在组织利益、群体利益和个人利益，以及短期利益和长期利益，在企业效率、效益和员工公平之间进行权衡和调整，必然也引起员工对自身利益的关注，以及由此引起的下意识的自我保护，变革的阻力自然产生。

·变革的阻力分析

变革的阻力通常有两种：个体阻力和组织阻力。

（1）个体阻力，包括习惯、安全、选择性加工信息、对未知的恐惧和经济因素。

习惯：为减少决策的复杂性，习惯化、模式化，以惯常方式做出反应。

安全：变革带来不安全感，员工会感觉工作受到威胁，安全需要较高的员工可能抵制变革。

选择性加工信息：个体通过知觉塑造自己的认知世界，为保持知觉的完整性，员工只听自己想听的，而忽略对认知世界形成挑战的信息。

对未知的恐惧：员工不喜欢不确定性，如果变革者用模糊和不确定性代替已知的东西，员工自然会抵触。

经济因素：员工担心组织变革会损害自己的切身利益，尤其当生产效率和报酬息息相关时，或者组织变革对员工带来巨大变化时，员工可能下意识地阻碍变革。

（2）组织阻力，包括结构惯性、对已有资源分配的威胁、对已有权力关系的威胁、对专业知识的威胁、群体惯性和有限的变革点。

结构惯性：组织保持稳定性的机制形成组织惯性，成为变革的阻力。

对已有资源分配的威胁：组织变革带来资源的重新分配，组织中控制一定数量资源的群体常常视变革为威胁。

对已有权力关系的威胁：组织变革带来权力的重新分配，威胁到组织长期形成的权力关系。

对专业知识的威胁：新技术运用威胁到老技术拥有者的工作。

群体惯性：群体规范成为组织变革的约束力，例如，当企业要推行某项影响到员工福利的组织变革时，就不能不考虑与工会签订的集体合同。

有限的变革点：组织是一个大的有机系统，有限变革可能因为更大系统的问题而变得无效。

· 降低变革阻力的策略

企业不可不变，变革却有阻力。为了消除或减小阻力，使组织变革顺利进行，通常采用以下策略：教育和沟通、员工参与、促进与支持、谈判、操纵和收买、强制。

教育和沟通：向员工充分说明变革的必要性、重要性和紧迫性，信息对称可以有效消除误解和疑虑，可以采用的方式包括个别交流、小组讨论、正式报告会和企业媒体宣传等。

员工参与：遵循"我制定、我遵守，我检查、我改善"的原则，把变革的对象当作变革的主体，以问题为中心、员工大量参与可以使员工实现自我转变，具体措施包括决策之前就把反对者拉进决策过程，积极考虑反对意见并有针对性地解决，提高决策质量，获得参与者对变革的承诺，注意效率和方向控制。

促进与支持：消除员工的恐惧感和威胁感对获取员工对变革的支持至关重要，包括提供支持性措施、支持性资源、技能培训、组织外部交流和降低不确定性认知等。

谈判：以某些有价值的东西换取阻力减小，包括个别谈判、整体谈判，以条件换条件、以利益换利益、牺牲……谋求……双方讨论变革是一次到位还是分步到位。采用谈判手段降低变革阻力时要注意潜在的高成本，还要避免被勒索。

操纵和收买：操纵是指运用隐含的影响力，收买则是操纵加参与，具体措施包括歪曲事实、放大威胁和痛苦、封锁负面信息、运用企业媒体、让阻力群体领导者承担重要角色并获取其承诺等。需要特别提醒的是，这一策略隐含着巨大风险，变革推进者务必在善意的谎言和权术间拿捏，规避巨大的信誉风险。

强制：通过威胁和施加压力，展现强硬姿态，强行推动，可选用的方法包括"不换脑袋就换人"、岗位调整、职务调整、薪酬调整、运用舆论压力、给予消极评价等。

■ 组织变革受到的文化制约

不同的国家有不同的文化，不同的文化产生不同的影响，组织变革当然也受到文化的制约，主要体现在以下四方面。

（1）人们认为变革是可能的吗？在美国和加拿大，人们认为自己可以主宰环境，个体对变革持积极态度。在中东国家则不然。

（2）如果可能，实施变革需要多长时间？日本人普遍关注长远，对等待变革的积极成果相当有耐心。美国人则关注现实，希望迅速进步，通常都努力寻找能立即产生效果的变革方案。

（3）不同文化对变革的阻力是否不同？美国人重视现在，对变革更不抵制。伊斯兰国家则比较守旧，人们通常习惯性地抵制变革。

（4）文化对变革方式有影响吗？德国和英国等欧洲国家权力距离小，参与风格得到广泛运用。中东和阿拉伯国家则权力距离大，变革努力通常由高层管理者独断专行。

■ 变革策略和变革策划

基于上述分析，企业进行组织变革需要制定明确的策略，进行周全的策划，包括变革的时机和主动性把握、系统规划和节奏设计、倡导者和变革团队等。

· **变革的时机把握：顺风顺水 VS 愁吃愁穿 VS 生存危机**

组织变革通常有三种时机：顺风顺水、愁吃愁穿和生存危机。顺风顺水就未雨绸缪，围绕中期战略目标和长期发展蓝图考虑组织变革，显然这是主动变革。面临经营困境甚至是生存危机时才考虑组织变革，当然就比较被动了。

在这三种时机中，哪一种情形风险更大、阻力更大？美国企业比较喜欢在顺风顺水时推行组织变革，其成功概率往往更高。

· **主动性把握：主动变革 VS 被动变革**

显然，主动变革在心理调适、资源准备和风险防范等各个方面都更有预见性和余量，避免"病急乱投医"的被动局面。

· **自上而下 VS 自下而上**

自上而下的变革通常是由领导层做出决策，由上往下推行；自下而上的变革则是由员工提出变革要求，得到高层采纳才实施的。这其中不但有主动变革和被动变革的区别，变革的阻力也不一样。成功的变革通常是：在内在决定上是自上而下的，在推进过程上则要巧妙地转化为自下而上，通过员工参与实现意志转移、消除变革阻力。

· **渐进变革 VS 激进变革**

是"春风化雨"、"润物细无声"、循序渐进地推进组织变革，还是采用外科手术式、大刀阔斧的激进变革，这当然与变革的时机、变革的目标、变革的阻力和风险密切相关。渐进变革需要有计划、有耐心，激进变革则需要企业有全面预案和足够的抗风险能力。

· **点—线—面—体，循序渐进**

企业是一个有机整体，牵一发而动全身，变革很难孤立地进行，例如，精益革新之后生产效率提高，岗位数量减少，班组定岗定员要随之变化，计件工资的工价是否要调整？

如果调整工价，是否会打击员工的积极性？

因此，在策划时要把变革放到一个相对长的时间坐标上进行系统思考，把与第一阶段的变革内容相关的系统变革都考虑进来，通过合适的节奏设计使组织变革由点切入，到线（关联改善）、面（体系），再到体（系统），做到一年一小变、三年一中变、五年一大变。

· 变革的节奏设计

在编制组织变革方案和实施计划时，变革的节奏设计需要拿捏好，是一步到位还是分步实施、是一点切入还是全面铺开、是局部改善还是系统全面升级、是逐步调理还是"外科手术"，通常用表1的形式进行统筹思考。

表1　变革的节奏设计

	时间	程度	轻重	配合
内容				
主次				
顺序				
推动者				

■ 变革的团队

组织变革一旦决定，组建变革团队就是重要的一环。变革团队负责变革的决策、策划、计划和实施，需要高层支持和资源保证，需要员工参与、过程设计，还需要有倡导者和推动者。

· 倡导者（Champion）

一旦出现一种新观点，变革倡导者就会积极、热情地宣传，提供支持，克服阻力，确保创新顺利推行。变革倡导者需具备的特点是：非常自信，持之以恒，精力充沛，敢于冒险，用远见和信念鼓舞和激励其他人，善于获得他人承诺以支持自己的事业，能提供相当大的决策自主权，有助于引入和实施创新。

·推动者（Agent）

变革推动者是将变革有效推进的中坚力量，推动者不能是一个人，而必须是一个团队，他们思路一致、能力互补、综观全局、行动协同，当然，这个团队有领导者、执行者和协调者。

需要强调一点，组建变革团队时不要低估了员工的觉悟和智慧，不但要让支持变革的人参与，也要让反对变革的人参与，发现和活用意见领袖是关键点之一，让利益攸关方共同参与，抓住支持的20%和反对的10%、带动主体的70%是行之有效的策略。

■ 21世纪组织变革的两大主题

进入21世纪，组织变革已经不局限于小改小革、小打小闹，新形势下的组织变革形成两大主题：一是激发组织创新，二是创建学习型组织。

·激发组织创新

变革（Change）是使事情发生变化，创新（Innovate）则是运用已知信息，不断突破常规，发现或产生某种新颖、独特的有社会价值的新事物、新思想的活动，包括技术性变化的创新和非技术性变化的组织创新。所有的创新都包含着变革，但并非所有变革都涉及创新。

以创新闻名于世的美国3M公司允许科学家和工程师把15%的时间用于自选项目，既奖励成功也奖励失败，鼓励冒险，而且不随经济周期性波动而雇用或解雇员工，高度的分权方式使每位员工都面临"跟上时代步伐"的挑战，其结果是：每年开发200多种新产品，分公司25%的利润来自近5年内开发的产品。

组织变革要激发组织创新，当然需要相应的机制：组织结构、人力资源和组织文化。

（1）组织结构。研究发现，有机式结构对创新有积极影响，可以促进灵活性、适应性和相互影响力，创新与长时间的任期有关，资源的宽松孕育着创新，能购买创新成果、承担创新费用、承受创新失败是组织创新的充分条件，组织内沟通密切、多采用委员会和特别工作组等则有利于实施创新。

（2）人力资源。积极开展员工培训和开发，为员工提供很高的工作保障，鼓励员工成为变革的倡导者，这些都有利于激发组织创新。

（3）组织文化。只有当员工感觉到自己的行为不会受到任何惩罚时，他们才会提出新观点，尝试新办法。企业需要营造一种"无指责"的氛围，鼓励尝试，无论成功和失败都给予奖励，甚至赞赏错误。

· 创建学习型组织

创建学习型组织，目标是不断开发适应变革的组织，这需要从以下几点进行努力：有一个人人赞同的共同构想；在解决问题和从事工作时，摒弃旧的思维方式和常规程序；作为相互关系系统的一部分，成员们对所有的组织过程、活动、功能和与环境的相互作用进行思考；成员之间坦率地相互沟通（跨越纵向和水平接线），不必担心受到批评或惩罚；成员摒弃个人利益和部门利益，为实现组织的共同构想一起工作。

传统组织由于存在分工（制造了部门壁垒）、竞争（过分强调竞争而削弱了合作）和反应性（注重解决问题而非开发创新）三个痼疾，通常采用单环学习，当发现错误时，改正过程依赖过去的常规程序和当前的政策。

与此不同，学习型组织采用的是双环学习：当发现错误时，改正方法包括组织目标、政策和常规程序的修改，向组织中根深蒂固的观念和规范提出挑战，提出截然不同的问题解决办法，实现变革的巨大飞跃。

创建学习型组织，企业必须做到的四个方面是：管理学习、制定战略、重新设计组织结构、重新塑造组织文化。

管理学习：改变组织使之成为一个不断的学习者。

制定战略：领导者明确做出对变革、创新和不断改进的承诺。

重新设计组织结构：使之扁平化，取消或合并一些部门，更多地运用多功能团队。

重新塑造组织文化：强化冒险、开放和成长元素，领导者以其言谈（战略）和举止（行为）证明他们倡导冒险并允许失败，奖励抓住机遇的人和犯了错误的人，鼓励正常的冲突。

■ 从组织变革到组织发展

如前文所述，组织变革的目标主要有两个：提高组织适应变化的能力，改变员工行为。长远来看，企业进行组织变革的目的是谋求组织发展，即建立在人本主义的民主价值观基础上，通过干预措施推进有计划的变革。

谋求组织发展基于以下价值观：

尊重人。认为人是负责的、明智的、关心他人的，每个人都有自己的尊严，应该受到尊重。

信任和支持。建立信任、真诚、开放和支持的气氛，建设有效和健康的组织。

权力均等。不强调等级权威和控制。

正视问题。不掩盖问题，而是坦诚地正视问题。

参与。受变革影响的人参与变革决策。

最终，组织发展要实现两个目的——加强组织的有效性，增加员工的幸福感。将组织发展与员工利益完美地结合在一起，组织变革则迈上了组织发展的新台阶。

综上所述，中国企业在融入全球经济体系之后首次碰到持续性的经济危机，组织变革是绕不开的一个坎儿。做大容易做强难，做强难做久更难，短暂的成功容易，持久的成功很难，百年企业、千年老店考验的不是企业的实力，而是企业的生命力——组织变革就像是下雨要打伞、下雪要添衣一样，是企业适应气候变化、维持生命力的唯一出路。

第二篇

人力资源开发

第二章

人口与经济发展

向西点军校学习领导力
——美国企业领导力的开发及运用

怀海涛　零牌顾问机构资深顾问

枪林弹雨的诺曼底海滩，一队队手持步枪的士兵快速跳下登陆艇，密不透风的子弹、炮弹迎面而来，一个个士兵倒下，其余士兵躲向障碍物，无法前行，不停地有人倒下，枪炮声、惨叫声，战场血肉模糊，现场一片混乱……

这是美国电影《拯救大兵瑞恩》的一个片段，这是在美国知名学府西点军校的领导力培训课堂上。影片一停，西点军校的领导力教官特德·汉肖教授的提问就像连珠炮一样开始了：

假设你是其中一名手持步枪的士兵，你会感觉到恐惧吗？

在这种情境下，你认为士兵对领导者的期望是什么？

如果你是长官，你能在这种混乱的情况下，实现士兵对你的期望吗？

作战计划搁浅，士兵们失去了方向，你能成为他们可以依赖的领袖吗？

是的，你的士兵在等你做出决策，正确的决策，他们期望看到你的领袖气质和责任心，这时你需要展现的是作为领导者的信心、勇气、决断力和勇于担当，并带领士兵走出困境。

西点军校的领导力构建

2015 年 7 月，笔者作为中山大学"美国·创新领导力"研修班的随团教授，率学员走进了西点军校，探索美国企业的领导力及领袖培养。西点军校是美国的第一所军事学校，在其 200 多年的历程中，培养了众多的美国军事人才，更难能可贵的是，西点军校不仅培养出美国总统格兰特将军和艾森豪威尔将军，它还为美国培养和造就了众多的企业家和商界精英，因所培养的 CEO 数量超过哈佛商学院而被誉为美国 CEO 的摇篮。

在西点军校的学员培养理念中，领导力训练被放在极高的位置上，领导能力被认为是学员必备的素质之一。西点军校对领导力的训练，通常被称为六大支柱能力的培养，包括精神、道德观、知识结构、军事训练、体能训练和社会交往。西点军校认为真正的领导者必须有强大的内心、坚定的信念，才能在逆境中生存下来。所以，西点军校的这种精神不但体现在他们的军旅生涯中，还被带到了他们的生活和各自企业的管理中，使他们具备一般毕业生难以具备的团队领导力及决策力，这就足以解释为什么西点军校能够培养出众多的 CEO 了。

美国企业的领导力开发

伴随着西点军校及其学员的成功，越来越多的美国企业开始关注西点军校的领导力，并将领导力模型的开发及训练作为企业干部培养的核心工作。很多美国知名大企业都将领导力开发作为关系企业未来发展的重要工作，甚至由企业最高领导者直接主导领导力模型的构建和推进。

GE 通用电气的前任总裁杰克·韦尔奇，在领导力构建工作中的亲力亲为最被人们所津津乐道，他每个月都要花费不少时间与员工亲自讨论领导力构建工作，通用电气的领导力体系就是他与 18000 多名经理共同研讨的结晶。GE 的全球领先及可持续发展，很大程度上要归功于其人才战略，归功于 GE 克劳顿培训中心（现称韦尔奇领导力发展中心），并逐步规划了 GE 自身发展领导力的五个项目序列：

第一阶段：新进人员领导力训练营。

第二阶段：新任经理发展项目。

第三阶段：高级职能项目。

第四阶段：高级经理项目。

第五阶段：执行层研讨会。

20 世纪 80 年代，GE 处于全球化的快速发展阶段，也是其领导力开发的关键阶段，"双 W"矩阵就是那个时期的重要成果（见表 1），也是 GE 领导力发展系统化的一个体现。

表 1　GE 领导力开发的"双 W"矩阵

内容＼对象	发展全球化的成熟度和精细化	发展技术和业务技能	发展领导能力
业务领导者			
职能领导者			
资深经理人			
新晋经理人			
职能部门人员			
新入职员工			

全球日化巨头宝洁公司，一直将完善人才培养机制作为其解决人才问题的根本之道，而其独创的领导力发展 5E 模型（见图 1）更是这个培养体系中的核心内容。宝洁公司是美国企业界名副其实的"西点军校"，全球有超过 100 个大公司的 CEO 出自宝洁，这其中就有其竞争对手联合利华的 CEO，还有大名鼎鼎的迪士尼董事会主席 John Pepper，波音公司董事会主席、总裁兼 CEO James McNerney，微软公司总裁兼 CEO Steven Ballmer……

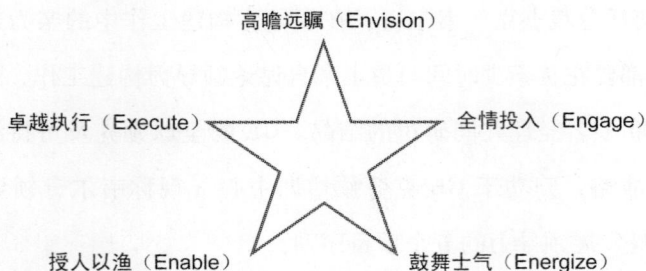

高瞻远瞩（Envision）

卓越执行（Execute） 全情投入（Engage）

授人以渔（Enable） 鼓舞士气（Energize）

图1 宝洁公司的领导力 5E 模型

宝洁公司总是能够招到他们最想要的人才，而其一整套完善的领导力培训体系更是使企业的人才成长形成了良性循环，使宝洁永远不缺乏卓越的管理者。

美国 3M 公司，全称明尼苏达矿务及制造业公司，是一家全球性的多元化科技企业。3M 公司的领导力发展观念在全球范围内获得认可，3M 非常注重将员工的个人职业发展和企业的发展相结合，将公司文化与员工个人的价值观相结合，使员工与公司最终形成合力，3M 公司出众成绩的背后，就有其一系列创新型领导人才培训和选拔机制的支持。

3M 公司的高级领导力发展训练是在其 3M - 杜拉克学院（以"现代管理之父"彼得·德鲁克命名）实施开展的，之所以称之为训练，是因为 3M 认为领导力不是单纯培训出来的，它需要实践。在 3M - 杜拉克学院，学员会以小组为单位开展小组行动学习，这不同于通常的案例分析，不是分析讨论已经发生过的案例，更不是纸上谈兵，而是由公司高层管理者提出现实的管理问题，提供相应的资源，要求学员小组运用课堂学到的知识在规定时间内提出切实的解决方案。

领导力模型在中国

随着现代化企业治理结构的导入及全球市场参与度的不断加深，中国企业也越来越注重企业内领导力的培养。

　　海尔集团就明确提出了"海尔领导力模型"，以有效引导海尔领导群体的领导力发展。海尔领导力模型由两个维度和一个核心构成，即布局全球的战略维度（洞察市场、远景部署、突破思维、理性决策）、决胜长远的执行维度（战略承接、横向整合、构建运营能力、部属培养）和一个核心（对海尔美誉全球的追求）。

　　作为世界500强企业、全球IT行业的领军企业，华为也明确提出了自己的战略领导力素质模型，核心内容有三点：发展客户能力、发展组织能力、发展个人能力。

　　"人才比战略更重要，团队比个人更重要。"企业领导力模型建设是组织构建和组织目标实现的有效途径，向西点军校学习领导力，向全球优秀标杆企业学习领导力，中国企业的管理发展之路任重而道远。

4J 管理技能辉煌 68 年

——从 TWI 课程看美国企业的班组管理

祖　林　零牌顾问机构首席顾问

　　要了解美国的班组管理，必然要了解美国各企业普遍采用的一套课程——TWI（Training Within Industry），TWI 的字面意思是"工业现场培训"，这套课程的目的是提高生产主管的管理技能，包括工作指导（Job Instruction）、工作方法（Job Method）、工作关系（Job Relations）和工作安全（Job Safety）四部分，统称 4J 管理技能（见图 1），它既是对班组长管理能力的要求，也是美国企业班组管理的重要内容。

　　在第二次世界大战期间，美国政府和军方为满足国防需求，需要迅速扩大国防生产，面对大量无任何工业生产经验的劳动力，有些甚至是刚迈出校门的青少年，怎样能让他们富有成效地工作，这是军工生产面临的最急迫课题。为此，美国战时政府成立了 TWI 行政部，专门负责研究这一课题，他们组织专家团队开发出 TWI 专题课程，于 1940 年 9 月 24 日发出通告，号召各企业在生产中使用全新的方法来训练和使用劳动力，并着手用 TWI 课程为企业培训大量的生产主管，使之提高 4J 管理技能，从而更好地服务于战时生产、追求战争胜利。

　　在 1941 年 10 月的一次公开演说中，美国劳工联合会委员西德尼·希尔曼揭开了 TWI

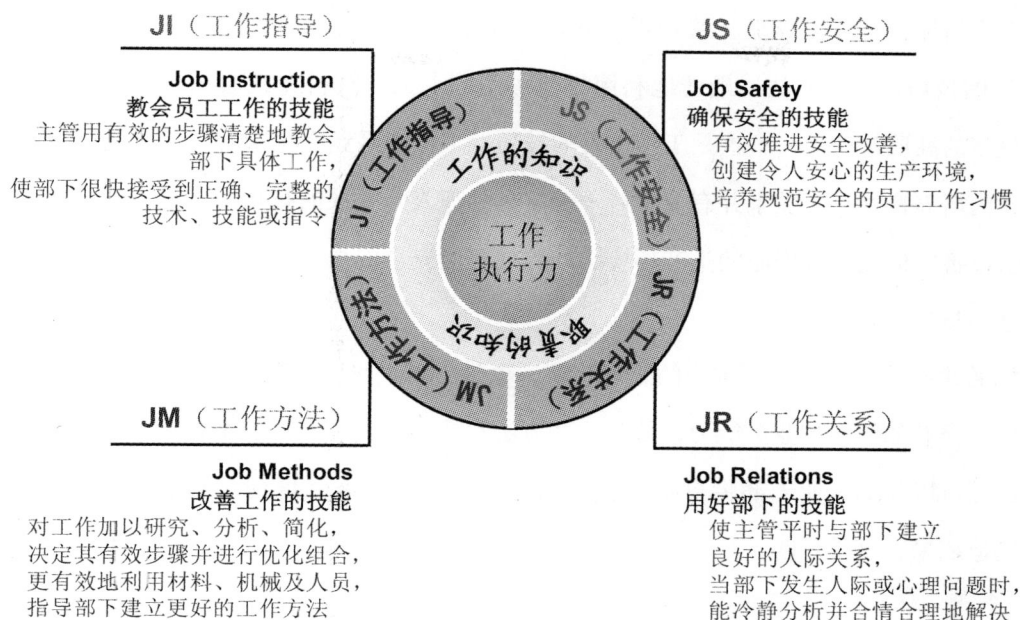

JI（工作指导）
Job Instruction
教会员工工作的技能
主管用有效的步骤清楚地教会
部下具体工作，
使部下很快接受到正确、完整的
技术、技能或指令

JS（工作安全）
Job Safety
确保安全的技能
有效推进安全改善，
创建令人安心的生产环境，
培养规范安全的员工工作习惯

JM（工作方法）
Job Methods
改善工作的技能
对工作加以研究、分析、简化，
决定其有效步骤并进行优化组合，
更有效地利用材料、机械及人员，
指导部下建立更好的工作方法

JR（工作关系）
Job Relations
用好部下的技能
使主管平时与部下建立
良好的人际关系，
当部下发生人际或心理问题时，
能冷静分析并合情合理地解决

图1 TWI诞生于第二次世界大战

序幕，获得工业企业资方人员的支持："因为我们热爱自由，所以我们要抓住最后一点点生产的权利去和自由的最大敌人去抗争，我们必须在希特勒生产一架飞机的时候生产两架，在希特勒生产一辆坦克的时候生产两辆，在希特勒生产一艘轮船的时候生产两艘，在希特勒生产一挺机枪的时候生产两挺。"

4J管理技能有效管理班组

在美国企业，主管（Supervisor）是指负责管理员工或指挥他人工作的人，无论有无实际头衔，都承担着引导他人好好工作以创造良好业绩的人（如生产骨干、带新徒弟的老师傅）就是主管。主管要做好工作，必须掌握四项管理技能——工作指导、工作方法、工作关系和工作安全。

工作指导：有效教导员工快速学会正确、安全并尽责地做好工作——这是岗位培训（OJT）的技巧。工作方法：最佳地利用目前可用的人力、材料和机器在更少的时间内生产出更多的高质量产品——这是工作改善的技巧。工作关系：在主管和下属之间以及在整个企业内培养良好员工关系并有效维持——这是处理人际关系的技巧。工作安全：有效推进安全改善、创建令人安心的生产环境、培养规范而安全的员工工作习惯——这是一线安全管理的技巧。

4J 管理技能既是对生产主管的能力要求，也是美国企业班组管理的重要方面。不管企业干部自身有如何强的业务能力，缺乏这些方法和技巧，其个人优势都很难发挥作用——TWI 正好可以帮助企业干部将自身优势复制运用到员工身上和现场，群策群力地推进改善，创造成果，享受乐趣。

4J 管理技能辉煌 68 年

4J 管理技能是一套灵活的技术转移和员工管理方法，它使企业干部事半功倍地承担"创业绩、带队伍、播文化"的管理职责。

美国战时政府 TWI 行政部明智地将培训资源集中在工业生产上，在战局的影响上扮演重要的角色，其中之一就是造船工业生产力的提高，在"二战"后半阶段的前两年中，日本造船厂只设法完成了 6 艘航空母舰的建造；而同一时期的美国则建造了 17 艘，连同 10 艘中等航母和 86 艘航母护卫舰。以如此的规模，源源不断地大量输送各种战争物资，注定了日本末日的到来。其中之二是飞机制造业生产力的提高，波音公司第二成套设备车间于 1940 年底导入 TWI 培训，使当时最先进、最复杂的四引擎轰炸机 B－17 的生产能力在 1942 年初达到每月生产 100 架，1944 年 3 月每天生产 15 架，连续 32 个月使成本降低 42.46%、出货率增长 264%，为美国建立空中作战优势并在敌国开辟战场奠定了重要基础。

第二次世界大战结束后，日本与美国缔结联盟，在战后重建过程中全面引进美国管理技术，包括工业工程、价值工程和统计技术等，同时把 TWI 引入日本企业，丰田汽车是战后最早采用 TWI 的日本公司之一，并在 TWI 的影响下创建了丰田生产系统（TPS），成为全球最受推崇的生产方式。

至今，TWI 已走过辉煌的 60 余年，为美国的经济霸主地位和日本战后崛起做出了突出贡献。

TWI 是全球企业财富

"不仅工作内容要进行改善，工作方法也要进行改善。"从 1994 年师从日本效率专家学习精益改善技术起，笔者就不时听到这句话。1995 年，在松下电器海外研修所的培训中，笔者第一次正式接触到 TWI 培训，对工作指导、工作方法、工作关系和工作安全有了初步认识，随着工作经验的增加和管理层次的提升，对 TWI 的认识和应用逐步加深，并从工作业绩和职业发展中享受到 TWI 课程的裨益。

TWI 体系是一套极具聪明才智的常识性方法，是美国制造业的先驱者们留下的一笔巨大的遗产，也是日本企业创造性运用并发挥到极致的有效方法。我们期待，TWI 体系能为国内企业及各级干部提供实质性帮助。

工作指导（JI）四步法

——美国企业班组怎样培训员工

怀海涛　零牌顾问机构资深顾问

美国企业界普遍认为：大多数管理者都能认识到培训是必需的，也不会忽视对员工的工作指导，真正的问题是他们往往忽视了指导的方法，没有意识到指导方法的可靠性、有效性和完整性才是决定结果的关键所在。不讲究方法的指导，即使是最简单的工作都很难教好。

新员工上岗、老员工提高技能、老员工转岗、多能工培养和储备技能人员培养时都要进行岗位技能培训，TWI 的第一项管理技能——工作指导（Job Instruction）即是培训员工的技巧，它告诉一线主管如何有效地教导员工快速学会岗位技能，并正确、安全、尽责地做好工作。

充分做好培训准备

除了运用 5W3H（What、When、Who、Where、Why、How、How much、How many）方法做好培训计划，还要做好培训现场及培训材料的准备工作，包括作业标准书、工作分解表、演示和训练用材料、白板或白纸、笔等。为了使岗位技能培训规范化、标准化，很多美国企业还为重要岗位专门设置模拟训练岗（见图1）。

图1　明确关键点很重要

仅用作业标准书作为教学指导资料是不够的，因为作业标准书只是工序作业内容及条件的全貌性介绍文件，绝大多数作业标准书并未把实际作业时的关键点（Key Point）表述充分。

所谓关键点，是工序作业中难以应付却是决定效率及成败的关键之处，每一项工作都有 5%～10% 难以应付或较为灵活的部分，它们是做好某一步的关键所在。由于关键点是建立在长时间积累的基础上，所以找出关键点有助于员工尽快掌握技能，减少受训者积累经验过程中的事故和缺陷，从而缩短培训周期，减少培训与失败成本。

教导之前指导者要进行工作分解，明确所传授工作的重要步骤和关键点。

工序作业中的关键点一般有三种：促进性因素、简易性因素和安全性因素。促进性因素是使工作完成或中止、决定工作成败的要点；简易性因素是做得轻松有效的信息、时机、技巧或诀窍；安全性因素是避免员工心里不安或可能受到伤害的要点。

例如，以汽车驾驶培训为例。一般的作业标准书会这样描述：驾驶时要关注路况，必要时及时刹车，避免出现交通事故。

如果按照 TWI 的工作指导（JI）则是这样描述：

【重要步骤】驾驶时关注前方 500 米路况，根据观察和预见，必要时将右脚从油门转移到刹车位置，可以根据滑行情况及实际需要及时刹车，避免急刹车，既可确保安全又可省油。

【关键点】右脚及时从油门转移到刹车位置。

显然，上述关键点既是安全性因素（避免事故）又是简易性因素（省油）。

阐述成为关键点的理由以及如果不这样操作而产生的后果，有助于员工理解和接受关键点，告诉学员关键点存在的必要性会促使他们遵守关键点，从而更快更好地掌握这项工作。

工作指导四步法

为提高学的效果，要讲究教的方法。

（1）教导准备。了解受训员工的基本情况、性格特点、兴趣爱好、基本能力；告诉他将教他做什么工作，询问他对该项工作的了解程度以及经过培训后期望他达到的程度，使他平心静气，乐于学习；之后双方各就各位，准备培训。

（2）工作传授。在传授时要先将每一个步骤说给他听、做给他看、写给他看，再重复一遍以强调关键点。在国内企业，培训员工时大家都会说给他听、做给他看，为什么还要写给他看呢？说、做、写三者同步，借助文字、数字、图示，圈圈点点、写写画画，写的过程是分解要点的过程，也是强化学员理解的过程。

在培训的过程中，我们经常碰到两类员工，通俗地说，一类是比较聪明的员工，另一类是比较"笨"的员工。

聪明的员工固然领悟得比较快，你讲到七八成他就自认为掌握得差不多了，开始蠢蠢欲动，心里想："快点快点，让我来试一试！"等他上场时，他就想："哼！你说要这样要那样，我换一种方法行不行啊？"因此，对这类员工我们可以讲得快一点，但要加上一条：教他预防错误。"注意啊！有时候我们会想：能不能这样呢？能不能那样呢？根据我们的经验，这样做会出这样的问题，所以不行！那样做也未尝不可，但会出现另一个负面的结果，所以，假如要那样做，一定要加上防范措施来避免负面效果出现。"

"笨"的员工固然领悟得慢一点儿，但也有他的好处：愿意按部就班、循规蹈矩，你叫我怎么做我就怎么做，而且一旦掌握该项工作，就非常牢靠！所以，对这类员工我们要多一点耐心，分解得细致一点、讲得慢一点，不要超过他的理解能力。

这叫因材施教，循序渐进。

（3）试做指导。经过工作传授，员工基本理解了，接下来要让员工试做，试做时要求他按步骤一边做一边说出关键点。

有人就问了：让他做就行了，为什么要让他一边做一边说呢？因为指挥人动作的是大脑，一般来说，员工怎么理解就会怎么做，但有的时候他的理解是错的，却偶尔也能做出正确的结果，如果我们不能确认员工基于什么样的理解才这样做，就不能及时发现和纠正错误的理解，今后员工出错的概率一定大大高于正确的概率——这就造成技能不稳定。因此，发现这种情形时，一定要立即叫停："停下！不是因为这样才这样做，而是因为那样才这样做！你做的是对的，理解却是错的。明白吗？好！再来一遍。"

因此，让员工一边做一边说出关键点，发现错误及时纠正，做错的要纠正，说错的也要纠正，纠正后再重复，直至说对、做对、完全理解和掌握为止。

（4）检验跟踪。经过上述三步，员工掌握基本作业技能经过考核后，让他上岗开始工作，此时不能完全放手不管，在一段时间内要安排专人进行跟踪、指导，这期间要不断检查、纠错，鼓励员工提问题并给予耐心、正确的解答。当一个员工在一个新的岗位上该碰到的情形都碰到过，也都知道怎样恰当地应对时，他就可以独立作业了——这叫"扶上马还要送一程"。

对方没学会是因为我没教好，任何事情没有反省就不会有进步！美国企业始终强调在员工培训过程中不要把责任简单地归咎于受训员工，而是要从培训师的角度和培训方法上去找问题，通过改进培训方法、提高一线主管的培训技能，从而提高企业的技术转移能力。

工作指导（JI）伴随着 TWI 体系的推行而逐步被全球企业界所重视，随着社会发展和技术进步，模拟训练岗、录像（DV）教学、岗位培训手册、系列培训体系和内部讲师队伍建设为工作指导提供了更有力的支持，在半个多世纪的时间里 TWI 为美国企业培养了大量高素质的产业工人，直至今日，作为精益生产等活动开展的重要保障，工作指导的概念及方法仍在全世界范围内被广泛提及和使用着。

工作方法（JM）四步骤
——美国企业班组怎样推进工作改善

怀海涛　零牌顾问机构资深顾问

为什么今天人们能用比十年前低得多的价格购买到比十年前性能高得多的产品？除了技术进步的巨大贡献，企业持续的工作改善也功不可没。

现代工业生产系统是由人员、设备、材料、方法、测量系统和作业环境（统称5M1E）六大生产要素组成的，工作方法（Job Method）专门研究工作改善的技巧，即如何最佳地利用这六大要素在更短的时间内生产出更多的高质量产品。

现场作业的三种基本类型

重复制造是现代化工业生产的特点，其主要表现是人机联合作业。现场作业主要有物料搬运、设备加工和手工作业三种类型。设备主要进行过程复杂、质量要求高的增值加工作业；人员进行辅助作业，如工件预组装、定位、装夹材料、启动设备、加工后的工件检查、将物料向下道工序提供；而工序间的工件转移则靠搬运实现，有人工搬运、机械搬运及人机联合搬运三种。

运用工作方法四步骤来改善工作

运用工作方法四步骤可以帮助我们有效制定、完善和实施改善计划，并通过控制生产要素来实现工作改善目标。

【步骤一：分解工作】利用工作分解表将工作分解成具体的步骤、动作单元和动作要素，分解越详细、越准确，改善就会越完全、越有效。

工作分解甚至要细致到按左手、右手和眼睛三种动作分开观察并进行记录（见表1），起源于美国的工业工程（Iudustry Engineering）技术将工序作业中最常用的动作要素（简称"动素"）分解成18种，归纳为有效动素、辅助性动素和无效动素三类，运用动作经济原则对工序作业进行改善，可以使有效动素更轻松、减少辅助性动素、消除无效动素。

表1　工序作业动作分析

动作单元	动作要素	序号	左手动作		眼睛	右手动作	
			内容	符号		内容	符号

人机联合作业分析时要对人和设备的作业内容和时间配合进行分解（见表2）。

表2　人机联合作业分析符号

作业者			设备		
■	单独	与设备及其他作业者无时间关系的操作	■	自动	与操作者无关的自动工作状态

作业者			设备		
☐	联合	机械与人共同作业，相互制约作业时间	☐	手动	准备、安装、取下等手动作业活动，制约设备时间
■	等待	由于设备或其他人的作业而造成作业等待	■	等待	由于作业者的操作而造成的设备停转、空转

【步骤二：细节提问】改善成功与否依赖于你从细节中发现问题的能力，运用 5W3H 分析法（见表 3）对分解后的工作内容进行思考。

表3　5W3H 分析法

项目	问题	为什么	改善方向
Why	目的是什么	为什么要达此目的	去除不必要的及目的不明确的工作
Where	在什么地方或位置做	为什么要在这儿做	有无其他更合适的地方、位置或布局
When	什么时候做	为什么要此时做	有无其他更合适的时间与顺序
Who	由谁来做	为什么要由此人做	有无其他更合适的人
What	做什么	为什么要做这些	可否简化作业内容
How	如何做	为什么要这样做	有无其他更好的方法可以做到多快好省
How Many	多少（数字、数据）	为什么要这么多	可否更多或更少
How Much	多少钱（费用、成本、效益、产出投入比）	为什么要（是）这么多	可否降低成本（费用），可否增加效益，可否提高产出投入比

有效提问是重要的思考方法，有时我们还需要运用 5W 分析法（即连问五个"为什么"，刨根问底、溯本求源），通过细节提问发现浪费，寻找改善机会。

【步骤三：开发新方法】当细节提问发现改善机会时，要运用改善工具进行改善规划，使之形成一套清晰的新方法。

美国企业经常会用工业工程中的 ECSR 原则（见图 1）进行工作改善，即取消（Eliminate）不必要的工作内容、合并（Combine）细小的工作内容、简化（Simplify）工作操作、重排（Rearrange）工作顺序以求更加顺畅。ECSR 原则能引导我们简单、快捷地找到工作改善的方法。

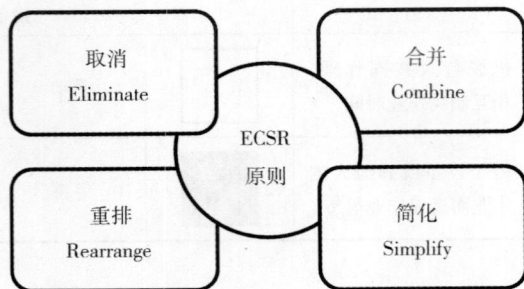

图1　ECSR原则

此外，动作经济原则、流程经济原则和现场改善手法等也是工作改善中的最重要的改善工具。经过可行性分析，将有效的改善方法编制成具体的改善计划，利用B/A分析、甘特图等工具，以一页纸的报告形式展现出来。

【步骤四：实施改善】取得上级主管和相关员工的支持后，根据改善计划准备好相关材料、工具，在计划好的时间着手实施工作改善。有时候改善不能一步达标，需要实施二次改善；有时候一种改善方法虽然能够达到目标，但会带出其他的负面结果，因此需要进行二次改善将其消除。

员工才是新方法的最终实施人，员工的广泛参与能促进工作改善的深入性与持久性。

工作改善的三化原则

美国企业班组在推行工作改善时，特别强调遵守"三化"原则，即书面化、具体化、数字化。

（1）书面化。以书面为载体开展工作是一种重要的、有效的工作方法，简单地说就是要会写报告、做总结，利用书面表达推进工作。

书面化与数字化的工作方法相结合，还能使我们更好地认清现状、理性思考、科学分析，尤其是借助管理工具进行统计分析，从深层次进行对策探讨。

利用书面化方法开展工作，可以使过程显性化，便于跟踪、确认，书面化还能避免信息失真，方便进行全方位的信息沟通，以保存记录，使以后有据可查，确保管理的可追溯性。

（2）具体化。描述事情、布置工作、分析问题要具体化，不要"拍脑袋"。5W3H是具体化的工具，从八个方面描述、考察一件事情，必要时辅助以照片、表格、图示和实物，能够把事情的全貌表达清楚。

（3）数字化。无法衡量就无法改善。借助管理工具获取相关信息，用数字、数据把握现状，根据技术原理和逻辑推理分析数字之间的因果关系，进行逻辑分析，从而找出真正的原因、寻找有效对策，实施后再用数字、数据衡量改善的效果和收益，为改善提供正确方向。

小到作业动作的改善，大到工艺革新，长期、持续的工作改善带来的是整个生产系统的模式优化，是由量变到质变的结果，是企业构建出具有竞争优势的可复制模式。如今，我们看到众多国际化企业的五星级生产环境、专注的员工和浓郁的改善文化，这都是数十年乃至近百年企业沉淀的结果。

事实上，工作改善不仅是工作内容和工作方法的改善，还包括业务改善、流程优化、组织优化，甚至包括观念的革新、态度改善和职业性格的完善，应用工作方法四步骤实施改善，能使我们真正地做到多快好省、常思常新、常做常新。

工作关系（JR）四要点

——美国企业班组怎样处理员工关系

怀海涛　零牌顾问机构资深顾问

现代工业生产系统是由人员、设备、材料、方法、测量系统和作业环境（统称5M1E）六大生产要素所组成的，人们习惯性地将它们分为两大类：有主观能动性的人的要素和没有主观能动性的物或事的要素。显然，物和事的要素是受人员控制和影响的，人员管理工作至关重要。

与员工建立良好的人际关系，当员工发生人际问题或心理问题时，班组长能够冷静分析并合情合理地解决，动态地做好人员管理工作，培养良好风气、提升班组士气，这种技能就是TWI 4J管理技能中的第三项——工作关系（Job Relations）。

美国企业界将工作关系定义为由于共事而建立的一种员工之间的关系，它是社会人际关系在企业内的具体反映。班组工作关系又与一般社会人际关系有所不同，其主要特点是：基于企业共同的工作目标，基于企业内的职责分工和配合，基于企业制度和企业伦理。本文将通过对两个中国案例的思考来说明美国企业班组怎样处理员工关系。

处理工作关系问题的四个步骤

○ 案例1　高低之争

"王班长，您觉得李宾这个人怎么样?"王修平刚坐定，主管戴建军就迫不及待地提问了。

"不错呀!"面对主管的提问，王修平不假思索地回答说，"有什么问题吗?"他突然觉得有点儿不对头，主管怎么突然关心起一位普通员工呢?

"既然表现不错，为何给他的考核分数这么低呢?"

"总会有高低的嘛，他有意见吗?"

"不仅有意见，还专门找我呢。"

一个小时以前，李宾怒气冲冲地拿着自己的考核表找到主管，投诉班长评价不公，35个员工中自己倒数第3，可自己平时却没有犯什么错误，而且任劳任怨。

"年终考评结果出来后，您专门找李宾谈过吗?"

"那倒没有。"

"那有没有什么平时的考核记录?"

"让我回去找找……"面对主管硬硬的目光，王修平似乎感觉到问题有些棘手，额头不禁渗出些许细汗……

人员管理的实质是处理工作关系问题，其目标是建立良好稳固的工作关系。在处理工作关系问题的过程中，需要遵循以下四个步骤：获取事实，权衡决策，采取行动，检查结果（见图1）。

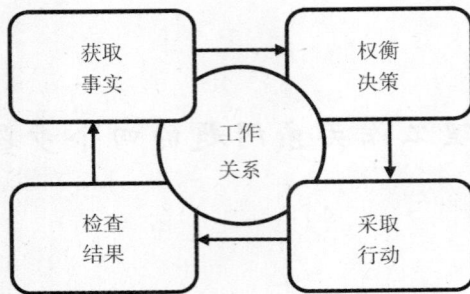

图1　工作关系四步骤

【步骤一：获取事实】充分和准确掌握事实是成功解决问题的基础，是准确判断、有效对策的关键。这里所说的事实不仅包括来自有形证据的资料和细节，还包括相关人员的意见和看法。

美国企业班组强调管理者在获取事实时，要注重以下四个要点的把握：查阅记录，选择相应的制度和惯例（注意：不成文的企业惯例与书面制度同样重要，不容触犯），沟通交流（特别是与当事人深入交流），善于倾听。

显然，案例1中班长王修平给员工李宾做出末位评价（倒数第3）时并未获取足够的事实基础，不但难使员工心服口服，更增加了对投诉员工的教育难度。因此，日常化的员工业绩考核和行为考核是重要的班组基础管理工作。

【步骤二：权衡决策】分析事实，权衡并选择最佳解决方案。绝大多数人员管理问题都不能进行非黑即白的简单判断，因此，"权衡"很重要，即要预见各种方案的可能效果。权衡决策的基本步骤为：整合事实→梳理事实关联→拟定措施→查阅相应制度和惯例→考虑目标、预见效果及其影响。

因此，班长王修平对员工进行年终考评时，一定要考虑如何基于事实和公司标准将员工分个"好"、"中"、"差"出来，并预见该考评结果对员工的影响。

【步骤三：采取行动】采取行动往往会损害个体的利益或造成情感上的对立，但采取恰当措施并使问题得到妥善处理是班组管理人员的职责所在。

采取行动时除了自己参与其中，还要活用系统资源，学会运用有影响力的第三方往往有非常好的效果，还要重视当事人的参与，做到"我制定，我遵守"、"我检查，我改善"。

在采取行动之前，需要确定所采取的行动是否属于你的职权范围，或者是否需要得到上司的批准；一些人经常抱怨自己缺乏行动的权限，但要记住，提出建议本身就是一种行动，也是管理者的职责和权利。

在采取行动的过程中，还要注意时机的把握，时机选择不当，效果就会大打折扣。处理人员问题的一个基本原则就是，当问题仍在可控的范围内时就尽早地处理或有预见性地采取行动，在涉及品行、安全或者法律问题时，这一点尤为关键。

在年终考核时，班长王修平对员工进行末位评价，还要考虑对一头一尾的员工进行业绩面谈，特别是对末位员工，可以想象他们对自己获得不太好的评价会心情不爽甚至是愤愤不平，通过有效的业绩面谈使其正视自己的不足、明确今后的改进方向才是年终考核的最终目的，必要时还要请上级主管协助做好相关人员的指导工作。

【步骤四：检查结果】采取行动后不要忘记后续跟进，即使是一模一样的问题，也不代表过去适用的做法现在仍然有效，或者说对某个人适用的做法对另外一个人仍然有效。检查结果时要做到：选择合适的跟进时机，确定适当的跟进周期以确保问题不会再次发生，关注业绩、个体态度及群体关系的变化。

班长王修平对末位员工进行业绩面谈后，不但要达到明确不足、明确改进方向的目的，更重要的是关注员工之后的行为变化和业绩提升，防止口服心不服带来的负面影响，通过必要的巩固措施使阶段性考核达到员工能力不断提升的目的。

建立良好工作关系的四个要点

○ 案例2 决定与执行

经理制定了一个新政策，员工普遍不理解，班长发现部分员工迟迟不生产，就命令员工开工，并对反应强烈的员工说："不想做的可以出去！"结果全部员工都不生产，于是通知经理，经理了解情况后承诺重新考虑新政策，员工才开始生产。

班组通过全体员工达成业绩目标，建立良好的工作关系是班组管理的有效保障，务必遵循以下四个要点：

（1）及时沟通及评价。年度评价和季度评价的时效性较差，评价时工作表现的细节已被遗忘，不利于工作的指导与改进。所以在班组管理的过程中要建立时时沟通及评价的机制，这是维持良好工作关系的基础，也有利于让员工了解工作的进展以达到积极参与和推进工作的目的。

（2）适当给予表扬。对表现出色、业绩优秀和进步显著的员工给予表扬，员工会因为得到认可而更加积极地工作；相反，有善不扬会使员工产生挫折感和消极情绪。所以，班组长要有一双善于发现美的"眼睛"和一张乐于赞美的"嘴巴"。扬"善"弃"恶"是维持良好工作关系、提升班组士气的重要手段。

同时，要注意激励的时机及方式，做到物质性激励和非物质性激励的有效结合，努力用创造性的方式去表扬和激励员工。

（3）预先告知相关变革。员工有权利知道与其相关的变革的缘由、内容以及该变革对自己的影响，所以，管理层一定要将变革预先告知员工，帮助员工理解变革的原因，征求大家的意见和看法并完善变革方案，给员工适应变革的时间，解答员工的问题和忧虑。未经任何提示所进行的变革会引起员工的"逆反"心理，导致"谣言"，使个人和群体产生困惑和不安，甚至造成严重的对立。

（4）挖掘员工潜能。大多数员工都有未被开发的潜力，班组管理者要勇于尝试变化、善于挖掘员工的潜能，岗位轮换及多能工培养都是挖掘员工潜能的有效途径。

根据案例2的具体信息，结合上述四个要点，请大家思考两个问题：①班组长的做法恰当吗？②经理今后怎样减少这样的情形？

工作关系——4J管理技能的核心

工作关系不仅有助于TWI中另外两个技能（工作指导JI和工作方法JM）的推进，还是企业推行精益生产、6S管理和现场改善等一切管理革新活动的基础。工作关系是4J管理技能的核心和重中之重。

工作安全（JS）四诀窍

——美国企业班组怎样进行安全管理

祖　林　零牌顾问机构首席顾问

　　安全是企业经营的第一基础，安全管理是美国企业班组管理最重要的基础工作，有效推进安全改善、创建令人安心的生产环境、培养规范而安全的员工工作习惯，这是班组长必备的4J管理技能之一——工作安全（Job Safety）。

　　美国企业摸索出一套班组安全管理行之有效的方法，并将之归纳为四个诀窍：把握事故三要素、运用海恩里奇法则防微杜渐、危险预知训练和加强防呆改善。

诀窍一：把握事故三要素

　　物的不安全状态、人的不安全行为和管理的缺失是安全事故发生的三大要素。美国企业界的统计研究表明：12%的事故是由物的不安全状态造成的，88%的事故是由人的违章行为造成的，而管理缺失则使不安全状态（物的隐患和人的违章行为）未排除从而未能防止事故发生。

　　鉴于此，美国企业要求班组长根据事故发生的三大要素进行现场安全风险管理，分别从工艺、设备、材料、现场管理和员工行为五个角度识别危险源，从而有针对性地进行人员教育、现场改善和安全管理。

诀窍二：运用海恩里奇法则防微杜渐

海恩里奇法则是安全管理的基本法则，它揭示了安全管理的两个共性规律：

（1）排除中枢要素可以预防事故。研究表明，安全事故由先行要素引起，若能排除中枢要素，先行要素即失去作用（见图1）。也就是说，任何一起安全事故的发生，都会经历多个环节，环环相扣，所有的环节都失去预防作用，安全事故就会发生；任何一个中间环节起到了预防作用，事故就能避免。

海恩里奇法则告诉我们，安全管理工作要重视各个环节的管理，若每个环节都得到足够重视和有效控制，即便有先行要素发生，只要有一个环节发挥作用，就可以避免事故。

不以细小而不为，带着安全的专业眼光，敏锐地发现问题，及时地消除隐患，才能确保安全。

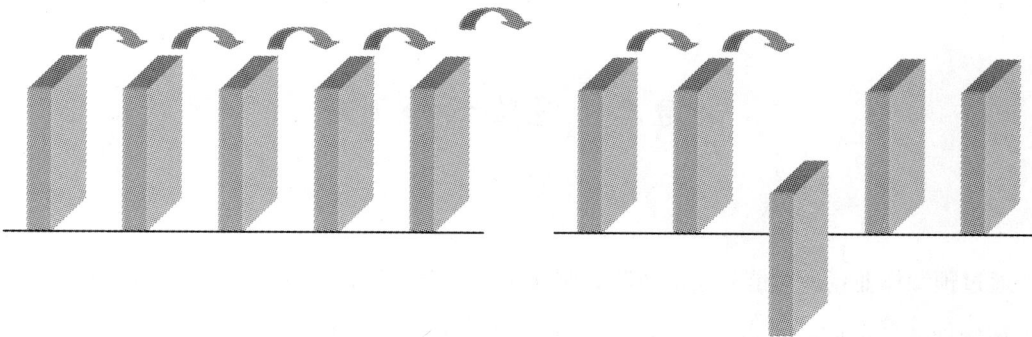

图1 海恩里奇法则之一——排除中枢要素可以预防事故

（2）1：29：300。一起重大事故的背后有29起轻伤事故发生，而未造成伤害的轻微事故则可能反复了300次（见图2）。海恩里奇法则告诉我们，事故是积累出来的，只有重视消除轻微事故，才能防止轻伤和重伤事故，否则大的事故的发生只是时间问题。

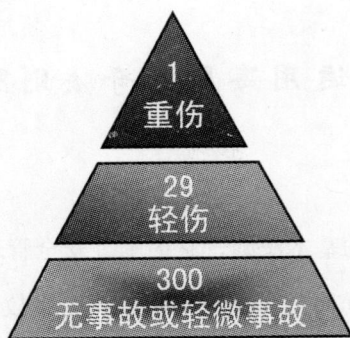

图2　海恩里奇法则之二——1：29：300

防微杜渐是安全管理的根本，这是海恩里奇法则揭示的安全管理真谛。美国企业非常重视运用海恩里奇法则进行预见性的安全管理。没有造成伤害的轻微事故也必须报告、分析和改善，没有造成不良后果的违章行为（如在厂内无证驾驶叉车）也是事故，重视事故分类和统计分析，根据不同的伤害类型、工龄、性别、场所进行针对性的安全教育和安全管理……

诀窍三：危险预知训练

通过预知作业场所可能发生的危险，强化员工安全意识，提高全员预防事故的能力——危险预知训练（Kiken Yochi Training，KYT）起源于日本住友金属工业公司，是一项行之有效的减少人为事故的训练方法，早期主要运用于质量改善，美国企业把它借鉴过来，用于强化员工的安全意识和安全能力，其操作步骤是：

（1）现场安全管理分析。根据生产工艺和作业内容，分析生产线及工序或岗位的作业特点，找出所有可能的安全隐患及事故引发点，并明确具体的防范措施，从而全面把握岗位安全要点。

（2）制作危险预知训练资料。在进行现场安全管理分析时，要善于从过去发生过的事故中进行统计分析，重点控制事故的多发环节，重点加强安全管理的薄弱环节，结合多发事故、常发事故，把薄弱环节以图片、表格、电子演示文稿（PPT）等生动直观的形式表现出来，并汇编成系统的危险预知训练资料。

（3）实施危险预知训练。在新员工安全教育、岗位安全培训和日常安全学习中，运用资料进行危险预知训练，结合现场实物进行演示，从而达到预先感知危险，防止误判断、误操作及提高全员安全意识的目的。通过全员化、日常化的危险预知训练活动，提高全员的安全意识和安全能力。

诀窍四：加强防呆改善

仅强化员工的安全意识、提升员工的操作技能对于安全工作是远远不够的，还应该在此基础上通过对硬件的改善来减少对员工意识、技能的依赖，也就是通过防呆法（Poka - Yoke）来实现硬件防错。

防呆法又称"愚巧化"，是一种使工作不会发生失误、即使再笨的人也不会做错的改善方法，最早由日本的质量管理专家、著名的丰田生产体系创建人之一——新江滋生先生提出。

美国企业特别强调班组安全管理中的防呆改善，对于安全事故和安全隐患，不能只满足于员工教育和技能培训，还要从硬件系统上进行改善，通过安全连锁设计确保不出安全事故，做到想出错都出不了错。

防呆法有两种：

（1）控制式防错。必须在一定的方式或条件下才能作业，发生异常时设备或生产线停止，如电梯的防夹弹簧、光电开关等。

（2）注意式防错。通过形状、颜色、尺寸等提醒，或出现异常时发出光、声等警告信号，提醒相关人员防止出错，如汽车倒车雷达等。

通过把握事故三要素，运用海恩里奇法则防微杜渐，通过危险预知训练强化安全意识、消除人的不安全行为，加强防呆改善消除物的不安全状态——消除管理缺失，创建令人安心的生产环境，培养规范而安全的员工工作习惯，这是确保工作安全的重要诀窍。

班组运作与一线员工培养

祖　林　零牌顾问机构首席顾问

六项基本运作方式

日本企业中，班组管理持续采用岗位分等分级、员工技能评价、业绩考核、行为考核、一线技师制和省人化活动等运作方式。

（1）岗位分等分级。根据岗位的技能要求，对 Q（质量）、C（成本）、D（交货期）、S（安全）的重要度以及作业环境和劳动强度等进行综合评价，日本企业把岗位分为一般岗位、重要岗位和关键岗位。一般来说，一般岗位操作相对简单、技能要求低，重要岗位操作复杂、技能要求高，关键岗位技术含量高、应变要求高，对员工技术素质和综合能力要求高，新员工上岗首先从一般岗位做起，对生产了解、熟悉到一定程度后根据表现和工作需要有计划地学习重要岗位或关键岗位的技能，逐步做到一岗多能，日本企业称之为"多能工"。

岗位分等分级使岗位技能要求形成台阶，便于循序渐进地进行一线人才培养。

（2）员工技能评价。利用技能评价四分法对员工进行岗位技能评价，并通过管理看板展现出来，班组全员对各岗位的技能掌握状况一目了然，结合多能工培养计划，引导员工从一般岗位向重要岗位和关键岗位挑战，从单能工向多能工转变。

（3）员工业绩考核。日本企业将个人业绩管理做得非常精细，关键业绩指标（KPI）都具体到班组和个人，如一条线10个焊工，每个人每天的焊接数量、质量、效率和成本等重要指标的业绩结果均有及时、真实、准确的统计，并通过管理看板进行展示，褒扬先进、帮扶后进，通过自主研究活动、QC小组活动（QCC）等提供系统的技术技能培训，营造良性竞争、相互学习、取长补短、共同提高的机制，鼓励大家比、学、赶、帮、超。

（4）员工行为考核。日本企业对员工的日常行为表现也进行数字化的考核，谁有违纪行为、低级错误、责任事故均进行扣分记录，谁有突出表现、改善事例、亮点建议都会得到加分奖励，平时表现与月度评价及绩效挂钩，持续下来，谁表现好、谁表现差就一清二楚了。

（5）一线技师制。完全掌握重要岗位和关键岗位技术原理、操作技能和应变能力的老员工，经过考核后参加相应培训，确认具备足够的技术转移能力，由企业授予技师资格，在岗位作业的同时承担新员工岗位指导（OJT）和本岗位专题培训（OFF－JT）的任务，并享受相应的技术津贴。

（6）省人化活动。不论经济低迷还是高速增长，日本企业都不遗余力、持之以恒地开展省人化活动，一条生产线去年要10个人作业，通过改善今年要做到9个人，明年争取做到8个人即可满足生产要求，而且质量、效率还要不断提高——日本式的改善技术在其中发挥了重要作用。

由于日本企业长期采用年功序列制，工作稳定、待遇丰厚，一般不会简单裁员。当企业遇到经济不振时，他们采取的主要方法是：①减薪，即调低工资和福利标准，员工与企业共渡难关；②减员生产，用最少的人员生产市场所需要的产品；③进一退二，即一部分干部上岗（进到一线），一部分员工退岗到技能研修所（退居二线），参与培训课程开发、案例开发，向内部讲师转变，并派到国内和海外工厂进行技术转移；④海外支援，把部分员工派向海外工厂，对海外员工进行岗位指导（OJT）或专题培训（OFF－JT）。

需要说明的是，日本企业员工并不以留在生产线作业为荣或为辱，而是视之为正常的工作安排和对自己的客观评价，通常是技能低的员工留下来继续作业、继续学习多岗位工作；技能高的员工则经常被调出来进行专题改善或到海外支援。反之，这一评价和调整过程会促使员工更客观地看到自己的不足，强化自我培养、锻炼成才的动力和决心。

四大员工培训途径

日本企业的员工培训途径主要有改善活动、研修、技能竞赛和晋升机制。

（1）改善活动，如5S活动、省人化活动、VE（降成本价值工程）活动、QCC（质量小组活动）、改善提案活动和生产革新活动等，日本企业信奉改善文化，将改善意识、改善方法和改善工具等巧妙地融合在活动过程之中，使改善深入人心、融入行动，企业善于利用年度方针、经营目标、环境变化等各种机会将上述活动更系统、更广泛、更深入地推上高潮。

（2）研修，如专题研修、认证研修、晋升研修等，通过完善的培训体系和培训组织，将管理技术全面、系统地转移到一线干部员工队伍，为各种改善活动提供技术支持。

（3）技能竞赛，如岗位技能竞赛、专题技能竞赛、岗位标兵评比等，利用竞赛的过程激发全员的学习热忱，同时把很多好的操作经验从民间收集上来，经过系统整理后纳入标准化作业体系当中，成为企业的知识沉淀。

（4）晋升机制，日本企业有完善的晋升体制和严格的晋升流程，员工进入企业后自然知道自己的职级和发展方向，企业每年为员工提供一次晋级晋职的机会，晋升者需要经过工作总结、上级评价、资格面试、晋升研修、课题改善实践研修、市场实践、晋升发表和晋升综合考核等步骤，历时半年，优胜劣汰，这一过程要做大量的改善、报告，即便没有通过的候选人，在意识观念、工作思路和方法工具方面的能力也会上一个台阶。

从多能工培养到班组人才任用

——班组管理与日本企业的市场应变弹性

祖　林　零牌顾问机构首席顾问

合格的作业技能是保证工作质量和产品质量的前提，也是班组准时制生产的重要基础。员工技能管理是质量管理和人员调配的重要条件，日本企业通过员工技能管理和多能工培养，有效地激发员工的学习热忱、提高整体作业水平，同时加强员工后备队伍建设，提高企业的市场应变弹性。

技能评价四分法

技能评价四分法是对员工在某个具体岗位的作业技能进行评价的一种方法，即将岗位技能水平分成四份，对应地将员工掌握的技能水平分成四级（见图1）：

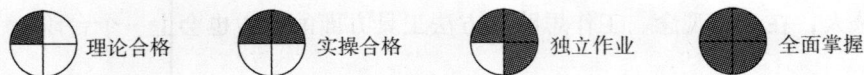

理论合格　　实操合格　　独立作业　　全面掌握

图1　技能评价四分法

四分之一级：理论合格，表示员工经过理论培训，掌握了岗位应知的基础知识。

四分之二级：实操合格，表示员工经过实操培训，掌握了岗位应会的基本技能。

四分之三级：独立作业，表示员工经过上岗操作和跟踪指导，能够达到岗位标准化作业要求，能够安全生产并保证工序质量，作业速度达到标准工时的要求。

四分之四级：全面掌握，表示员工经过一个阶段的岗位锻炼，不但满足独立作业的要求，还对工序原理、设备结构、预见性质量控制和工序作业改善有了一定程度的掌握——不但知其然还知其所以然，同时具备必要的应变能力和改善能力，能够培养新员工。

对于个人而言，根据技能评价四分法，结合具体岗位的作业内容和技能要求，明确员工岗位技能的四个水平，能够使员工客观评价自己、明确学习方向；班组长对员工的技能状况掌握到位，对不足者加强培训、指导和跟踪，对优秀者给予肯定、鼓励并灵活运用，让优秀员工以老带新，发挥其能力。

对于班组而言，利用技能评价四分法对员工进行岗位技能评价，并通过管理看板展现出来（见图2），班组全员对各岗位和人员的技能状况心中有数，易于调配人员，生产增减和人员异动都能"化险为夷"。

岗　位	柳　芳	奋尔修	邱高兴	斯大飞	廖红军	霍弥漫	朱上一
物料管理	●	●			●		
定子绕线	●	●	●		●		●
定子下线	●	●	◔	◒	●		●
定子接线	●	●	⊕	◒	●		●
保护器埋入	●	●			◒		◔
定子清漆	●	●			●	◒	⊕
定子组装	●	●			◒		●
WIT检验	●	◒				◒	◔

● 全面掌握　◒ 独立作业　◔ 实操合格　⊕ 理论合格

图2　员工技能管理看板

结合多能工培养计划，更能有效地引导员工从一般岗位向重要岗位和关键岗位挑战，从单能工向多能工转变；通过多能工培养做好一线人才储备，还能化解工作当中的一些人际难题。

多能工培养

多能工是指掌握多个岗位作业技能的一线员工。从个人职业发展的角度看，头脑简单、四肢发达、技能单一的员工没有竞争力和成就感，因此，员工要有不断上进和挑战的愿望；从组织发展的角度看，为应对员工缺勤、人员流动、淡旺季产量变化和企业扩张对人才的需求，每个班组都需要有一定数量的多能工，每个岗位都需要两个以上的人员掌握。

日本企业进行多能工培养的主要方法有计划性培训、轮岗作业、岗位调整和技能竞赛四种。利用《员工动态管理一览表》对员工技能状况进行一目了然的管理，通过技能评价、管理看板、经验交流、精神激励和物质激励等方式，创造勤学上进，一岗多能，比、学、赶、帮、超的良好局面。

日本企业的人才任用

日本企业有很多看起来不起眼、内里有乾坤的人才任用方式，如一线岗位安排、骨干和班组长选拔、间接岗位人员安排等都有很多奥妙，结合企业的组织结构、岗位层级和薪酬福利制度，构成一线员工的多途径职业发展路径（见图3）。

根据岗位对Q（质量）、C（成本）、D（交货期和效率）、S（安全）的重要程度，日本企业把一线岗位分成一般岗位、重要岗位和关键岗位，员工入职后先从一般岗位做起，

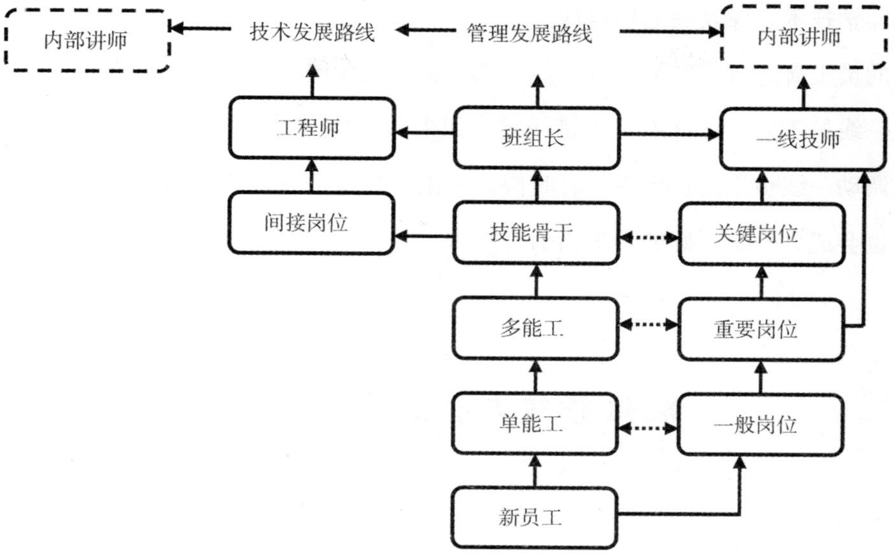

图3　一线员工的职业发展路径

做得好、表现佳的员工才有机会进入重要岗位，业绩好、表现佳且领悟力强的重要岗位员工才有机会进入关键岗位。当然，三个层次岗位的工资待遇是有区别的。

完全掌握重要岗位和关键岗位技术原理、操作技能和应变能力的老员工，经过考核后参加相应培训，确认具备足够的技术转移能力，由企业授予技师资格，在岗位作业的同时承担新员工岗位培训（OJT）和本岗位专题培训（OFF－JT）的任务，并享受相应的技术津贴。

只有完全掌握本班组各岗位技能、性格外向、有一定管理能力及培养潜力、愿意承担管理责任的骨干员工才有机会做班组长，走上管理发展路线。

日本企业的间接岗位也就是质量、工艺、设备、仓储、计划等职能岗位（中国称为二线岗位），其员工大部分来自生产一线，也就是具备一线作业经验、对生产流程和生产工艺有一定了解，同时具备某方面技术或技能特长的一线人员，可以选拔到二线岗位。

这样做的好处，一是使间接岗位人员急生产所急、急生产所需，更好地服务于一线生产、服务于以最短的交货周期实现准时制交货目标，从而促进各职能与生产部门的业务合作，提高企业整体效率；二是为一线员工创造一个不断提升的职业发展空间，充分调动员工学技能、学技术、谋发展的积极性。

我们的员工普遍有"只要不在一线干活儿就是光荣的"的心理，有的人开一部叉车都会觉得比一线员工光荣，这不是对错问题，如果我们能够借鉴日本企业的人才任用方式，将极大地调动一线员工的积极性。有时候，一位一线女工被调到办公室做文员都会受到很大激励，也会成为一个很好的员工指引。

班组管理与企业应变弹性

当前，中国企业正在经历融入全球经济体系之后的第一个寒冬。对于日本企业来说，"过冬"已经不是第一次了，"二战"后40年，日本进行了五次产业结构调整和升级，经济危机和原材料价格上涨是背后的主要推手。对企业来说，每一个冬天都是一次剧痛，同时也是一次涅槃，每一个"冬天"固然有很多体弱多病的日本企业死去，却有更多的日本企业获得了新生。新日铁、丰田、索尼和松下等一批全球知名企业就是这样锤炼出来的。

在这一过程中，日本企业班组管理所运用的员工技能管理、多能工培养和人才运用方式对企业应对环境变化发挥了重要作用。

与中国企业不同，日本企业在淡季减员时并非把技能低的员工减掉，而是把技能高的员工抽出来，这样就能拉动一线员工学习更重要的岗位技能、单能工变多能工，而骨干员工则被集中起来进行专题改善，或到技能研修所开发课程，再派送到海内外工厂进行技术转移。

应该强调的是，日本企业的一线技师制、内部讲师制和技能研修所在企业人才培养和可持续发展中功不可没。

从单一计件制到综合计时制

——民营企业与日本在华企业的薪酬改革碰撞

祖　林　零牌顾问机构首席顾问

单一计件制的严重缺陷

传统计件工资制主要是由生产数量和单件工价决定的单一计件制，特别是离散型生产，以单个工序定工价、以员工个人为单位的计件工资制暴露出严重缺陷，主要包括：个别员工效率高，整体效率未必高；易出现重产量轻质量的倾向；员工协作性差；工价调整易造成潜在对立；员工缺乏基础保障。

计时制体现的企业社会责任

当您年轻未成家的时候，喜欢计时制还是计件制？当您步入中年、上有老下有小的时候，喜欢计时制还是计件制？当您经济条件很差的时候，喜欢计时制还是计件制？当您经济条件好的时候，喜欢计时制还是计件制？

对这些问题，不同的人也许会有不同的回答。从人的共性角度来看，随着社会的进步和人们生活质量的提高，计时工资制成为必然。

计件工资的鼻祖是 20 世纪初美国管理大师费雷德里克·泰勒，计件工资制在当时极大地调动了员工的劳动积极性。随着社会发展，计件制暴露出上述缺陷，现代企业管理者认识到：如何调动员工积极性、扬善弃恶、创造效益，这是企业经营管理者的责任；员工出勤了就应该创造效益、就应该有相应的收入，这是企业应该承担的社会责任。从 20 世纪中期开始，西方发达国家的绝大多数企业开始摒弃计件制而采用计时制，使员工在"不愁吃不愁穿"的条件下专注工作改善、提升整体效率。

追求双赢的综合计时制

传统上，日本企业实行年功序列制，强调员工终身服务于一个企业，以资历为最主要的条件确定员工工资，固定月薪、年终奖和退休金是员工主要的收入来源。

现实的问题是，传统计时制难免使部分"境界不够"的员工出现"做多做少一个样"、"做好做坏一个样"的"铁饭碗"心理，甚至出勤不出力、不求上进。日本在华企业实行的传统计时制也受到挑战，主要表现为工作绩效与收入关联性不足、员工工作积极性受到较大影响。为了消除"铁饭碗"心理带来的消极后果，日本在华企业在日本传统计时制基础上进行了相应的薪酬体系改革，其核心是基于集体计件制的综合计时制，主要框架如图 1 所示。

（1）集体计件制。不论零部件生产多少，以最终完成品的合格数量决定当月总工资（初步的"大饼"），引导全员关注最终有效产出。

（2）综合浮动。对质量、效率（含交货期）、成本和安全等关键业绩指标（KPI）进行综合绩效考核，在当月工资总额的基础上进行浮动，决定实际的月工资总额（实际的"大饼"）。

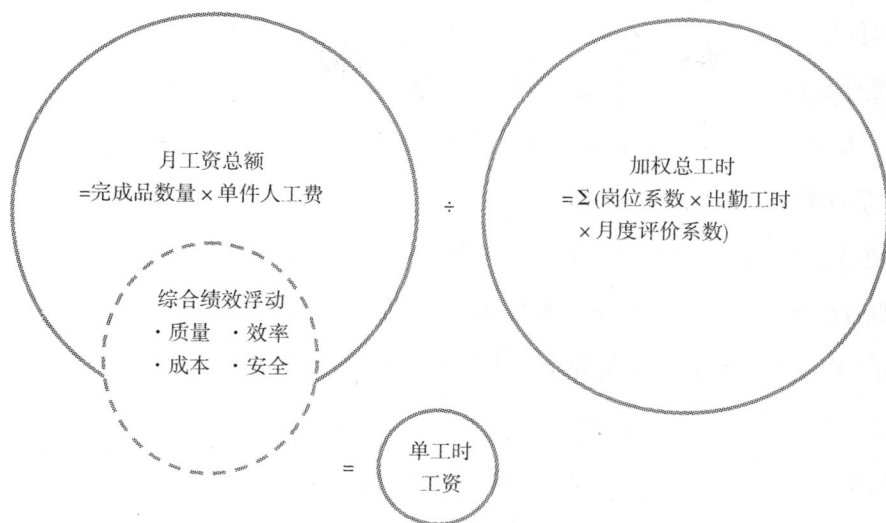

图1 基于集体计件制的综合计时制框架

（3）计算加权总工时。显然，不同岗位对上述"大饼"的贡献是不一样的，根据一般岗位、重要岗位和关键岗位的区别，以一般岗位为1.0作为基准确定各岗位的工资系数（如重要岗位为1.3、关键岗位为1.6），结合每个员工的月度评价系数，计算出加权总工时（人×小时）。

加权总工时＝Σ（岗位系数×出勤工时×月度评价系数）

月度评价系数根据员工本月的业绩结果和行为表现进行评定，质量、效率、成本和安全等综合绩效好、平时行为表现好的员工，其月度评价系数就高。

（4）计算加权单工时工资标准：单工时工资＝月工资总额÷加权总工时，这是全体员工当月平均工时工资标准〔元/（人×小时）〕。

（5）计算每位员工的本月计时工资（分"大饼"）：员工月工资＝单工时工资×本岗位系数×本人本月实际出勤工时×月度评价系数。

（6）设最低保障工资。保障不同级别的员工有相应水平的最低月工资，且这一保障必须不低于当地政府规定的最低工资标准，例如，广东省东莞市的最低工资为790元/月、员工工时工资标准为4.72元/小时，在生产量低于一定数量时确保员工有基本收入。

国内不少日本在华企业实行基于集体计件制的综合计时制之后，取得了非常好的效果，主要的优势有：

（1）强化整体绩效意识。"大饼"是靠大家做出来的，通过效率改善、提高月度产能可以做大"大饼"，提升综合绩效也可以做大"大饼"，正所谓"整体好才是真的好"，"大家好才是真的好"。

（2）使员工重视时间含金量。单工时工资［元/（人×小时）］是全员时间含金量的直接反映，即当整体质量高、效率高、成本低、安全性好的时候，员工每个小时（即"人×小时"）的平均工资就高，从而引导全员重视整体绩效提升。

（3）引导员工重视岗位技能学习。显然，一般岗位工资系数低、关键岗位工资系数高，员工从中得到实惠，自然会向重要岗位和关键岗位靠拢，借助技能评价四分法和一线培训体系，引导员工由单能工向多能工发展、由一般岗位向重要岗位和关键岗位发展。

（4）促使员工重视个人绩效。员工在本岗位的业绩结果和行为表现直接决定了员工的月度评价系数，同时直接影响整体绩效，借助业绩管理看板和自主研究活动，引导和帮助员工提高个人绩效。

基于集体计件制的综合计时制综合反映了整体绩效、岗位贡献、个人绩效和出勤工时之间的合理关联。

从单一计件制、传统计时制向基于集体计件制的综合计时制改革，是一个复杂的设计、实施和优化的系统工程，需要配套的管理体系建设，需要做大量的工资结构设计、数据预算和测算以及结构优化的工作，还必须考虑班后加班、周末加班和法定假日加班的计酬方式，才能真正做到员工收入、企业效益和社会责任三者有机结合，实现企业与员工的双赢。

从管理半径看班组建制

祖　林　零牌顾问机构首席顾问

多少人应该设置成一个班组？班组长是专职还是兼职？管理人员的比率是多少合适？在多年的管理顾问工作中，不少企业曾和笔者探讨过这些问题。虽然没有标准答案，但根据美国企业近百年的管理实践，在管理学和组织行为学历经 70 年的研究之后，全球企业管理界对上述问题有了普遍共识。

管理半径与管理幅度

美国通用汽车公司（GM）自 1908 年成立后迅猛发展，1927 年以来一直是全世界最大的汽车公司。通过在通用汽车公司蹲点调研，现代管理学之父德鲁克发现了管理大型组织的秘密：大型公司的 CEO（首席执行官）其实只管理很少的人和事，规模如此庞大的公司由一个个管理半径有限的人通过层层分权和授权来进行有效管理。

1945 年，德鲁克在他的第一本著作《企业的概念》中提出了"管理半径"理论，他认为，管理一旦超出特定的半径就不再有效，因此，分权和授权对企业管理非常有必要。大公司的千军万马不是由一个人在指挥，而是在一个特定的机制内传递责任，并对业务流程负责。在这个意义上，有效的管理半径都是差不多的。以军队为例，一个班长管 6 个人，他的上司、上司的上司直至总司令，尽管官阶相差悬殊，但都是管六七个人的"班长"。

根据管理半径理论，在组织设计时，我们将一个管理者管理多少名员工称为管理幅度，管理幅度小，组织控制力强，但管理成本高、决策速度慢，也会影响员工的自主性。

管理层级与扁平化组织

传统企业采用金字塔状的组织结构，一般企业都有总经理、副总经理、经理、主管和班组长等不同层次的管理职务，我们称之为管理层级，企业运作时下级对上级负责。显然，管理幅度小的组织，其层级相应多；管理幅度大的组织，其层级相应少。

例如，管理幅度为 7、管理层级为 5 的组织可以管理 2401 名员工，其管理人员的数量为 400 人、比率为 14.3%（见图 1），而管理幅度为 8、管理层级为 5 的组织则可以管理 4096 名员工，其管理人员的数量仅增加 185 人，比率则降为 12.4%。

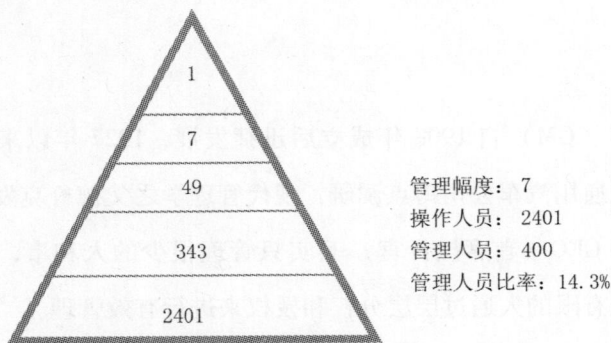

```
        1
       7
      49       管理幅度：7
    343        操作人员：2401
  2401         管理人员：400
               管理人员比率：14.3%
```

图1　管理幅度为 7、管理层级为 5 的组织设计

随着科技发展和社会进步，分权管理成为一种普遍趋势，减少组织层级、实现扁平化成为企业快速响应市场变化的必然选择，现代信息技术的发展特别是计算机管理信息系统和互联网的出现，使得扩大管理幅度、实现扁平化成为可能，虽然管理幅度扩大后大量的信息处理和复杂的人际关系大大地增加了管理难度，但这些问题在电脑和网络的信息处理能力面前都能迎刃而解。

下面，我们以一个需要1500名一线员工的生产型企业为例，看看不同的管理幅度带来的管理层级和管理人员比率（见表1）。

表1 1500名员工的生产型企业的组织设计

项 目	方案一	方案二	方案三
管理幅度	4	7	10
管理层级	6	6	6
总经理	1	1	1
副总经理	2	1	1
经理	10	5	2
主管	94	31	15
班组长	375	214	150
员工	1500	1500	1500
总人数	1982	1752	1669
管理人员数量	482	252	169
管理人员比率（%）	24.3	14.4	10.1

当然，表1中的管理人员设置只是一个理论数字，正所谓"麻雀虽小，五脏俱全"，实际上，企业还应根据专业化职能管理的需要设置相应的部门和管理岗位，如经理的数量和副总经理的数量，但这对管理人员的比率影响不大。

班组建制与班组长任用

管理学的长期研究发现，一般的人可以直接管理7个人，当然，到具体的每一个人其差异就大了，有的人管理两个人都很吃力，而有的人直接管理 50 个人还能游刃有余——显然，前者是不适合做干部的。

根据上述规律，我们来探讨前文提到的班组设置问题：

（1）班组长应该是专职还是兼职？从管理的角度看，班组长的主要工作是班组管理，因此班组长是不直接参与生产的；对于那些自身要直接负责某个工序作业，又要同时管理同机台或前后多个工序的员工来说，他们其实是一线骨干（有的企业称为机长、机台长、台位长）。

（2）多少人设置成一个班组？一般的人可以直接管理 7 个人，但 7 个员工就安排 1 个专职班组长难免有点浪费资源，因此，7 个员工中指定 1 个生产骨干辅助班组长进行管理就会比较合适。这样，小的班组 15 人（$2 \times 7 + 1 = 15$），大的班组不超过 50 人（$7 \times 7 + 1 = 50$），超过 50 人的规模就应该考虑设立车间。

企业可以根据上述规律，结合本企业具体的生产工艺流程和产品形态（零件、半成品和成品），合理设置班组、车间和部门来有效组织生产。

当然，一旦决定了班组设置，班组长的任用和培养又在很大程度上影响着班组业绩，具备基本管理能力的人也许都可以管好 15 个人的小班组，50 个人的大班组则需要安排管理能力很强、具备弹性授权和控制能力的人担任班组长。

（3）管理人员的比率为多少合适？根据上述探讨的结果，为提高资源效率和效益，建议生产型企业的管理人员比率以 14% 左右为宜。

晋升流程与班组长培养

祖　林　零牌顾问机构首席顾问

日本松下电器产业株式会社是全球五百强企业之一，1987 年开始在中国拓展事业，目前在中国已有 80 多家子公司。秉承松下电器"造物之前先造人"的经营理念，松下在华企业建立了一套完整有效的人才培养机制，形成了独特的快速培养人才的企业能力。

松下在华工厂为员工设置了管理和技术两个发展通道，其管理发展通道包括班长、系长（主管）、课长（经理）、总监（高级经理）、副总经理和总经理等多个层级，并有一套完善的晋升流程，两个通道纵横交错，结合其全球事业，给员工提供了非常大的发展空间。

下面，我们以班长至总监的晋升为例说明松下电器在华企业的干部晋升流程（见图 1）。

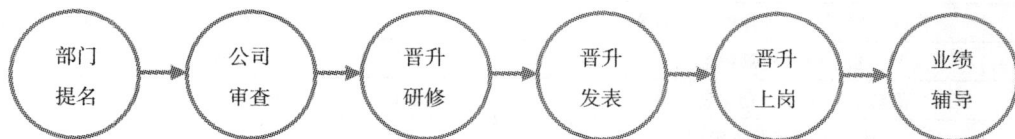

图1　松下电器在华企业的干部晋升流程

（1）部门提名。每年 6 月，公司将面向下一年度制定晋升政策和晋升计划，各部门根据公司要求，经过综合考核、系统评价，结合工作需要和本人意愿，填写自我鉴定表（见

表1），以书面形式向公司正式推荐本部门下一年度晋升候选人。

表1　干部晋升自我鉴定表

填报日期：　　　年　　月　　日

姓　名		推荐部门		入职时间		现任岗位		拟升岗位	
个人简介						对拟任岗位职责认识			
工作思路									
	公司环境				部门现状				
	下年课题				工作方向				
部门评价		公司意见							
	课长签名： 　　年　月　日					人事部长签名： 　　年　月　日			

（2）公司审查。公司对汇总后的晋升候选人名单进行资格审查、横向比较，经过内部协调、整体平衡，将符合公司晋升政策和计划的正式候选人名单以书面方式正式公布。

（3）晋升研修。每年7～12月，所有晋升候选人均须参加人力资源部策划、组织的为期半年的晋升研修，主要内容包括：

1）晋升培训。包括企业文化、职责认知、管理技能、专业知识、团队建设、改善技术和领导力等（见表2），分别由公司领导和内部讲师主讲，有时也聘请少数外部讲师主讲个别课程。

表2　2010年基层干部晋升培训计划

序号	课程名称	学时	培训时间	主讲	备注
1	户外拓展训练暨晋升培训总动员	6	7月12日	外部教练	咨询公司
2	松下电器经营理念	3	7月13日	总经理	
3	革新2009——公司中期战略	3	8月15日	副总经理	
4	中基层干部职责定位	3	9月10日	生产总监	
5	中基层管理座谈会	3	9月11日	HR总监	
6	TWI中基层干部管理技能提升训练	12	10月17～18日	日本导师	海外研修所
7	精益生产革新技法	12	11月12～13日	日本导师	生产革新室
8	班组员工组织行为管理	6	12月8日	外聘教授	中山大学
9	晋升培训总结及行动计划		12月15日	——	书面报告

2）市场实践。通过走访客户、参加店面销售和市场调查等方式了解行业动态、市场需求、竞争状态，强化各级干部的市场意识、客户意识和竞争意识，真正做到"眼睛盯着市场、功夫下在现场"，面向市场加强内部管理、推动业务改善。

3）实践研修。每位候选人必须面向下一年度的大目标，选定一个业务问题作为晋升研修的实践课题（参见案例），在上级指导下利用 PDCA 循环推进业务改善，利用半年的项目周期力争达到课题目标，最终编写成结构化、数字化和要点化的成果报告。

○ 案例　2010 年晋升实践研修课题：提升组装二线产能的效率改善

部门：组装二课 K/P 线　研修人：宗方兵　现级别：L5　拟升岗位（级别）：班长（H0）

实践研修期间：2009 年 7 ~ 12 月

课题背景：

市场环境	公司环境
（1）中国加入 WTO，大幅度开拓国际市场 （2）中国成为世界制冷生产基地 （3）产品需求平稳增长 （4）市场竞争激烈，成本压力增大	（1）扩大市场占有率：生产、销售 700 万台 （2）扩大利润率： 　　1）新机种导入（V - 2P、特 K、特 P） 　　2）降低成本：开展 S - 502 活动 （3）提高顾客满意度
组装二课 2010 年产能目标	组装二课产能现状
2010 年生产 700 万台： 　其中组装一课 398.7 万台 　　组装二课 301.3 万台 　组装二课月产能力须达 31.2 万台： 　　其中 R 线 12.5 万台 　　　K/P 线 15.2 万台 　　　S 线 3.5 万台	2009 年 1 ~ 6 月实际月度产能： 　R 线有效运转率 81%，产能 13.8 万台，产能合格 　K/P 线有效运转率 74%，产能 14.3 万台，差 0.9 万台 　S 线有效运转率 76%，产能 3.1 万台，差 0.4 万台

课题名称：提升组装二线产能

课题目标：2009 年 12 月达到月度产能 31.2 万台，其中 R 线、K/P 线和 S 线分别达到

12.5 万台、15.2 万台和 3.5 万台，满足 2010 年市场需求。

改善思路：通过 IE 改善，将 K/P 线有效运转率由 81.0% 提高到 84.7%。

4）专题研讨。将候选人编成跨部门小组，设定一系列经营管理专题，由各小组分别进行广泛、纵深研讨，每位小组配备一名总监级以上的高级干部进行指导，并据此编写专题经营改善报告提交给公司经营委员会。

（4）晋升发表。每年 12 月下旬，晋升不同职级的候选人逐一向晋升考核小组发表实践研修成果，以演示文稿（PPT）和口头说明方式正式汇报改善课题的过程和结果，之后接受评委的提问，从候选人的仪态、语言、书面报告、口头表达和问题回答等方面综合考核其意识观念、职责认识、工作思路和管理能力等，结合晋升研修的全过程表现，最后由考核小组做出综合评价和晋升决定。

（5）晋升上岗。在晋升考核中获得"通过"的候选人在第二年 1 月中旬参加公司一年一度的晋升大会，由总经理亲自向新上任的干部颁发聘书，自此"新官"正式上任。

晋升大会和正式聘书是晋升的重要环节，一般来说，基层干部一年一聘、中层干部三年一聘、高层干部五年一聘，到期后根据组织变革和干部表现决定是否续聘，这一形式使新任干部和续聘干部的责任感和荣誉感得到强化，也使干部的聘任机制化，解决了"能上不能下"的问题。

（6）业绩辅导。正所谓"扶上马还要送一程"。新任干部毕竟没在新的工作岗位干过，上任后有一个适应的过程，上级的业绩辅导对新任干部第一个阶段的工作至关重要。

上述晋升流程虽然看似复杂，却在极大程度上杜绝了很多国内企业"一声令上"、"一纸令下"的现象，更重要的是，每位候选人在经历一次晋升流程之后，都在意识观念、系统认识、改善能力和综合素质（特别是文化素质）等方面迈上一个新台阶。

虚为内核、实为载体、虚实结合、以实促虚。日本企业的人才培养非常重视意识观念的教育和经营理念的灌输，从松下电器的晋升流程即可见一斑。

委职锻炼与人才梯队建设

谢　铨　零牌顾问机构前高级顾问

创立于 1959 年的国际大型日用消费品生产及经销商——美国安利公司（Amway）是 20 世纪以来美国发展最迅速的国际化企业之一，其业务遍及五大洲的 80 多个国家和地区，全球员工超过 1.2 万人。1992 年，安利正式进入中国内地市场，目前，中国工厂已成为安利面向亚洲太平洋地区出口的主要生产基地。

安利公司非常注重现场管理和班组建设，特别是通过委职锻炼拉动一线人才梯队建设。

委以责任　锻炼部下

委职锻炼是一种把部下拔高一步来使用的工作方法，通过委以高一层责任，通过做事的过程来锻炼部下、拉动员工成长。现在，我们以图 1 为例进行说明。

上述金字塔形的组织结构通常是这样运作的：每个人对自己的责任范围负责——A 班长管 A 班、B 班长管 B 班、C 班长管 C 班，甲主任管整个车间。更进一步，他会授权三位班长把自己的班组管好，自己管好三位班长就行了。

· 89 ·

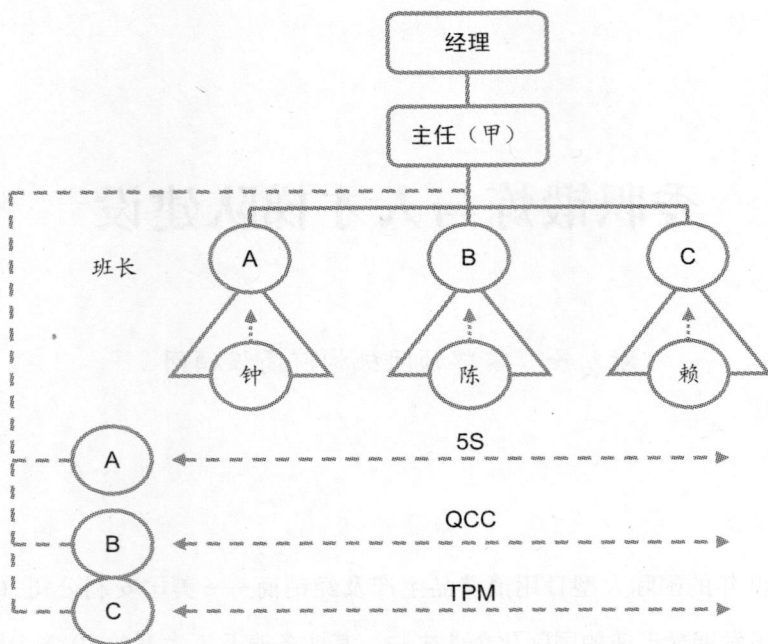

图 1　某车间委职锻炼

利用委职锻炼的工作方式，每个人不仅要把自己的事情做好，还要腾出时间帮助上级分担工作。例如，A 班长擅长现场改善，甲主任授权 A 班长帮助自己推行车间的 5S 管理——车间 5S 管理做得好不好由甲主任承担责任，但车间 5S 管理方面的具体工作则由 A 班长在甲主任指导下进行落实；B 班长对数字非常敏感，统计分析做得不错，甲主任授权 B 班长负责整个车间的 QCC（质量改善小组）活动；C 班长对设备非常感兴趣，C 班组的设备一级维护做得非常好，甲主任授权 C 班长负责整个车间的 TPM（全面设备维护）活动。

这样运行一段时间以后，车间就会发生变化：A 班长以前只管 A 班，现在要帮助甲主任负责整个车间的 5S 管理，需要 B 班长和 C 班长的支持；同样地，B 班长和 C 班长也需要其他两位班长的支持，三位班长之间的工作配合关系会得到改善。此外，通过负责车间某一方面的工作，还能逐步提升三位班长的思维高度民主——以前基本上是站在班组层面考虑问题，现在至少能站在车间层面考虑了。

经过一段时间的锻炼，三位班长的工作能力得到提高、配合更加默契。由于工作需要甲主任须出差一周，在与经理和当事人沟通之后，授权一位班长代行这一周的车间管理职责，在系统支持下，这一周车间工作仍能照常有序进行。根据计划性和重点培养相结合的原则，三位班长的工作能力在甲主任的指导下又能进一步提高。

没有衔头、没有待遇，授权管理、委以责任，委职锻炼就是这样一种把部下拔高一步来使用，锻炼、提高部下能力的工作方法。

向上错位　建设梯队

通过委职锻炼不但能够拉动员工成长，还能建设企业的人才梯队，因为A班长原来只管A班，现在不但要管好A班，还要帮助甲主任在车间推行5S管理，当他忙不过来时，很自然地就会想：有没有哪位员工能帮助我分担一点工作呢？经过观察和尝试，A班长慢慢培养出员工小钟作为班组骨干，而B班的小陈和C班的小赖也脱颖而出，成为辅佐班长的得力干将。

委职锻炼使班长和骨干的能力不断提高，甲主任又可以不断地让部下帮助自己分担更重要的工作，车间管理从容而游刃有余，甲主任的时间就会多起来，这时候，甲主任就想：那我能不能帮助经理分担一点工作呢？不但主动向经理要工作、争取与领导共事的机会，甲主任还开始想未来的事情：未来三年，我这个车间的目标是什么？我个人的目标是什么？为此，我现在应该学什么、做什么？

今天的骨干就是明天的班长，今天的班长就是未来的主任，慢慢地，车间的人才梯队就培养出来了，企业具备了人才培养的能力，就能更好地满足发展的需要。

若部下看到自己做不好领导会代劳，自然乐意，当然也难有进步——领导每一天都要花相当一部分时间代部下做事情，这种向下错位的工作方式不但不利于提高系统效率，更不利于部下和自己的成长。

实际上，委职锻炼是一种向上错位的工作方式：每个人在做好本职工作的前提下，主动帮助上级分担工作，争取锻炼机会——这是一种面向未来的工作方式，对于公司和自己都非常有利。

培养部下　培养未来

　　培养部下是干部的职责，培养人才是干部的基本能力要求。安利公司不但重视人才培养，更重视通过有效的运作方式提高企业培养人才的能力。

　　"带出徒弟饿死师傅。"安利公司也曾遭遇传统观念带来的工作困扰，通过言传身教和事例教育，安利的中国员工逐步领悟到：当代社会，带出徒弟饿不死师傅，不带徒弟则会累死师傅！培养部下其实是解放自己，培养部下更是培养自己的未来！

员工任用与人员弹性

祖　林　零牌顾问机构首席顾问

紧急订单的紧急应对

"我是文员，为什么叫我去生产线干活呢？"听到经理宣布一线紧急支援计划的那一刻，应娜打心眼儿里不高兴，她下意识地紧绷着脸，目光有点僵硬。

"当前的情况完全出乎我们的意料。根据市场需求，三星公司突然决定在春节前半个月要增加70万台生产计划。作为注塑件供应商，其他的同行都难以满足，三星公司专程派高层来金胜公司求助，希望我们能克服困难，在春节前确保70万台手机外壳的供应。"经理向与会人员说明事情的原委。

"为此，公司召开专门会议，决定发动一切力量，在未来半个月，所有二线人员和管理干部有计划地支援一线生产，确保70万台产品准时交货！"

原来如此。应娜心情有点放松了，担心工作岗位问题看来是多余的。

2008年底经济危机爆发，客户业务大受影响，公司订单锐减40%，周边工厂纷纷裁员，不少工厂还倒闭了，当时真是人心惶惶！金胜公司作为三星手机的主要供应商也不例外。不过，与别的工厂不同的是，金胜公司明确宣布不会硬性裁员，将采取自然流失和岗位优化的方法减员增效，希望员工与企业共渡难关。

2009 年底，公司订单似乎又开始多起来了，招工却不容易，现在生产部门还缺员呢！再增加 70 万台的任务，不用特殊方法看来是不行了！公司提出的紧急支援计划还真是一个可行之道。

弹性用人带来的应变弹性

想到这里，应娜又高兴起来：一年多没和生产线那帮哥们儿姐们儿在一起干活了，还真有点儿想他们呢！生产线增加了不少新机型，我应该还能上手吧?!

应娜来自江西农村，到东莞打工快四年了，金胜是她进入的第一家公司，也是目前唯一一家公司。2008 年 8 月，因为在生产一线表现出色，应娜从生产部被调到生产技术部担任文员，引得女伴们个个羡慕不已——这是多少一线女工梦寐以求的机会啊！

"爸爸，我升职了!"当晚应娜跟父母打电话，父亲好一阵嘱托，鼓励应娜在新的岗位上用心学习、安心工作，应娜也下定决心要在新岗位上干出点儿成绩。这一年多下来，总体还是挺顺的，虽然刚上手时使用电脑水平差、工作比较吃力，但在领导的指导和同事的帮助下，应娜逐渐适应，完成日常工作已经完全没问题了，最近又接受了图纸管理工作。

想到这里，应娜突然涌起一阵莫名的感激之情，对领导、对同事、对公司。

在办公室工作久了之后应娜才发现，金胜公司一般情况下是不会从外部招聘文员的，公司很多的二线岗位人员都是从一线员工提拔起来的，文员、ERP 录入员、计划员、仓管员、机修工、叉车工、模具技师，甚至 IE 工程师……据说这是公司的传统，是金胜与韩国三星合作十多年来学到的秘籍之一。

在金胜公司，不但有一线多能工培养、一线员工转二线岗位，部门间岗位轮换、管理岗位和技术岗位的互换也是常见的。难怪很多老同事说，在金胜公司的发展空间比在其他公司要大。虽然是一家台资企业，但在用人方面并不像其他企业那样过于看重学历，模具部副经理寇铁军是最典型的例子。

想到这里，应娜微微转头观察其他同事，似乎大家都没有自己开始时的那种紧张和不快，反而有一种蠢蠢欲动、跃跃欲试的急切，以及众志成城、誓达目标的斗志！

弹性用人与弹性激励

"在金胜公司工作的好处，以后你们会知道的！"有一次，办公室一群女孩子在一起谈起附近几家大公司的优劣，年长的王姐对大家说。

王姐年届30，5 岁的孩子是王姐工作之余最津津乐道的话题，学钢琴、学舞蹈……王姐的周末几乎都花在孩子身上，还乐此不疲。可是论专业能力和工作业绩，王姐却是金胜公司从一线培养出来的一员女将呢，也算得上是"女中豪杰"了。

"要是在其他公司，要是还在生产一线倒班，你根本没有时间关心和培养孩子。"王姐的话让应娜似懂非懂。是啊，要是自己结婚了、有小孩了，是不是也有这种相夫教子的需要呢？她突然觉得，王姐的一席话为她打开了另一扇人生的窗口。

应娜对自己的工作突然又有了一些新的感悟，似乎又多了一点珍惜，还似乎多了一些学习和向上的欲望。

在一点点的愤懑之后，应娜似乎对金胜公司有了一个全新的认识。

岗位分级拉动员工成长

怀海涛　零牌顾问机构资深顾问

管理革新带来员工队伍稳定

"胡经理，生产部年后普工到职率统计出来了吗？"

"95.4%！关键岗位员工的到职率是99.6%，只有一人离职。"胡经理一脸坦然。

"好！比去年还要高啊，看来这两年的改革有成效！"人事部李经理微笑。

这也难怪，全球金融危机后的第一个年头，全国尤其是珠三角地区出现了前所未有的用工荒，内地经济的发展和社会环境的变化为广大务工人员提供了一个重新选择的机会，很多外出人员年后留在家乡发展，回来的人对工作环境、工种、工作时间和福利待遇等也有很多新的期望。于是，火车站、人才市场，甚至是外来务工人员密集的街道、宿舍区都变成了很多企业人事经理年后的主要办公地，贴广告、拉横幅、摆摊位……招工成了经理们开年工作的重中之重。

然而，就在其他企业忙于"抢人"的时候，胡经理和李经理已经开始着手筹划今年的员工定级培训、综合考核和技能大赛活动了。

他们所在的深圳西胜机电有限公司是一家港资"三来一补"企业，也是典型的劳动密集型企业。2007年，基于企业经营环境的变化以及欧美和日本市场高端客户的要求，公司

开始深化改革、苦练内功，启动了一系列管理革新活动，岗位分级与一线专家队伍建设便
是其中一项。

一线岗位三层次

一线生产岗位是有层次的。根据岗位的价值创造能力和作业负荷，西胜机电将一线岗
位分为一般岗位、重要岗位和关键岗位三个层次，下面以西胜机电冲压车间岗位评价为例
进行说明（见表1）。

表1　西胜机电冲压车间岗位评价表

评价指标	岗位重要度					技能复杂性	劳动强度	作业环境				加权得分值	岗位分级
	质量	成本	效率	安全	小计			高温	噪声	有毒有害	小计		
权重（%）　岗位	15	10	15	10	50	15	15	6	6	8	20	100	—
高冲	5	4	5	4	2.30	5	3	1	5	1	0.44	3.94	关键岗位
连冲	5	4	3	4	2.00	4	3	1	5	1	0.44	3.49	关键岗位
单冲	4	3	3	5	1.85	3	3	1	5	1	0.44	3.34	重要岗位
平头机	4	4	3	3	1.75	3	4	1	5	1	0.44	3.24	重要岗位
氩焊机	4	3	1	4	1.45	3	2	3	2	4	0.62	2.82	一般岗位
切管机	3	2	2	3	1.25	3	4	1	5	2	0.52	2.82	一般岗位
…	…	…	…	…	…	…	…	…	…	…	…	…	…

（1）用加权因子评价法设计岗位评价方案。显然，评价岗位层次的主要指标有四个：
岗位重要度、技能复杂性、劳动强度和作业环境，每个指标的权重分别是50%、15%、
15%和20%。其中，岗位重要度是指岗位的作业状况对整体质量、成本、效率和安全的影
响，影响大说明重要度高；技能复杂性是指岗位的技术难度、应变要求；劳动强度是指岗
位作业对体力、视力和注意力的要求；作业环境包括高温、噪声以及有毒有害等对人体有

不利影响的环境因素。

用加权因子评价法设计结构化的评价方案，能够科学合理地量化评价一线岗位，根据评价结果将岗位分层分级。

（2）通过内部专家法量化评价岗位。上述评价方法的设计和实施必须由对一线岗位非常熟悉的内部专家小组来进行，通常由生产、工艺、质量和人力资源等跨部门人员组成，有技术人员、管理干部，一般5~7人为宜。

评价时切忌分别打分，求和之后取平均值，这样极易造成评价偏见和评价误区。正确的做法是：由专人主持，选择一个代表岗位，由大家对其进行逐项评分，每项评分均须全体成员达成一致时方可记录，有不同意见时需要说明理由，然后由大家比较、讨论最终达成一致，接下来以代表岗位为基准，对其他岗位进行相对评价。

打分时一般采用5分制，例如，高冲岗位的质量得分为"5"，说明该岗位对质量的重要性高；高温得分为"1"，说明环境温度问题不突出。

岗位评价的分值计算方法为：

岗位加权得分值 = Σ（评价指标得分值 × 评价指标权重）

（3）根据岗位得分值划分岗位层次。由内部专家小组的评价计算得到各岗位的加权得分值，按加权得分值由高到低排序，岗位之间就会明显拉开层次，此时，内部专家小组据此初步划分出一般岗位、重要岗位和关键岗位。之后，还需要将初步分层结果与大家实际感受到的岗位层次进行对比，逐一确认每个岗位的层次划分是否合理，必要时回顾评价分值的合理性，优化确定岗位层次划分。

（4）岗位层次根据需要细化分级。当三个层次不足以充分体现岗位差别时，根据岗位评价，关键岗位和重要岗位又可以细分成一级、二级和三级。

岗位分级拉动员工成长

岗位分级是工厂运营的重要基础，与员工的技能评价、员工任用、薪酬联动和员工成长密切相关（见图1）。

（1）岗位分级与员工任用。由简到繁、由易到难是员工岗位安排的基本准则。新员工对企业、对工艺流程、对岗位作业都缺乏基本了解，入职教育之后，先安排在一般岗位进行学习，技能评价合格后独立作业；对于表现好、业绩高且有上进心的员工，根据工作需要和个人期望，有计划地安排其学习重要岗位职能，逐步培养成多能工，重要岗位和关键岗位要有多位胜任员工，以确保用人弹性。

（2）岗位分级与技能评价。为对岗位进行识别和区分管理，还需将岗位的分级结果在作业标准书上进行标识。根据技能评价四分法，员工只有参加相应岗位的理论及实操培训并通过考核后，方可从事该岗位的作业，对重要岗位和关键岗位，要严格实行资格认定、持证上岗。

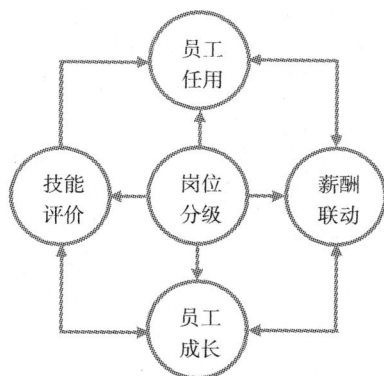

图1　岗位分级拉动员工成长

（3）岗位安排与薪酬联动。岗位不同、贡献不同、待遇不同。运用加权因子评价法，对一般岗位、重要岗位和关键岗位设立相应的岗位系数，根据基于集体计件制的综合计时制，岗位系数不同，员工的加权工时自然不同，结合员工业绩评价，使不同岗位的一线员工的收入拉开合理差距，体现员工贡献和员工价值。

（4）岗位分级与员工成长。做好一般岗位工作才有机会进入重要岗位，做好重要岗位工作才有机会进入关键岗位，不同岗位不同收入，多能工才有可能转二线岗位或升任管理岗位，内部专家有机会做工程师……岗位分级为员工规划了未来发展空间，将极大地拉动员工的成长。

岗位分级给员工提供了一个不断挑战全新岗位的机会，通过培训和考核使员工不断更新知识、开拓技能，培养多能工、加强技能人才储备，结合企业内开展的自主研究、技能大赛、改善提案等活动，创建"全员学技能、全员大练兵"的良好氛围，这在稳定员工队伍方面可发挥重要的作用。

综观欧美和日本的优秀企业，技能能手和一线专家队伍发挥着生产、培训和现场改善的排头兵作用，是企业人力资源的核心人才，也是企业可持续发展的重要保证。

岗位分级拉动员工成长，提升产业工人素质，中国的企业必将走上一条蓬勃发展之路。

模压式训练与企业人才培养体系构建

——从日本企业的道场训练看专业化员工培养

陆久刚　零牌顾问机构高级顾问

道场——企业人才培育的"摇篮"

道场，源自日本丰田公司，是其人才培育的重要载体，也被波音、三星等世界五百强企业广泛应用，被誉为企业人才培育的"摇篮"。精益道场在传承并发扬丰田道场的基础上，以"精益实战人才育成"为核心，坚持"现场、现物、现实"的三现原则，秉持"知行合一"的理念，集理论学习、工具使用、方法实践、文化交流于一体，通过大量模拟训练岗位的使用，为企业精益人才快速培养打造系统化、专业化、多功能的学习平台。

日本企业的道场训练是一种典型的"模压式训练"："模"即通过模板、模式的建立，打造员工快速培养的标准化体系；"压"即建立一套员工培育、考评、优选的岗位资格管理机制，从而加速员工的岗位技能提升；"训练"即不只是口口相传地教，更要依靠模拟训练岗提升员工的实操技能和操作熟练度。

依据模压式训练模式打造的日式企业道场，是企业内人才培养体系的重要组成部分，可应用于新员工的岗位培养、老员工的转岗培训及员工定期的岗位技能提升训练等（见图1）。

图1　日本丰田海狮工厂训练道场一角

螺丝锁付训练　精益道场初感

记得刚参加工作时，在一个台资电子厂任装配线班长，开始接触使员工更快掌握作业技能的训练道场，就是一个简单的螺丝锁付装置（见图2）。因为生产产品的特性，拉线上80%以上岗位的员工需要电批锁付作业，动作看似简单，但是因为新员工居多，往往因为技能不熟、作业手法不当，从而造成作业效率低，而且经常导致螺丝锁付偏位，严重影响了产品质量，延误了交期，造成大量的时间和成本损失。

为解决此问题，生产部发动一线干部和部分优秀作业员工，与设备工程师一起分析，共同研究如何培养作业员工快速完成锁付动作。后来通过研讨，设计出一种可以培训新员工快速锁付工作的装置——螺丝锁付培训架，安排新入职和技能不熟练的员工在车间的一个角落进行螺丝锁付训练，并命名为"新人技能训练场"。

其培训方式就是根据产品所需的不同规格螺丝，培训新员工快速、准确地完成锁付作业，然后根据培训测评结果决定员工是可以上岗作业还是继续培训，这也是笔者最早接触到的员工技能训练道场。

图2　螺丝锁付训练道场

体验精益道场精髓

在其后的现场管理工作期间，笔者自己也根据企业管理特点和管理需要建设过培养员工技能训练的实践道场，但都感觉没有系统化和标准化，到底精益训练道场该如何设计、如何规划？如何让新进员工快速从毫无经验到熟练作业？其中有何秘诀？

2014年11月，笔者有幸参加了零牌顾问机构主办的CLP全球跨界学习"日本·企业家精神"研修班，在一周的学习中通过与丰田海狮工厂的零距离接触和众多日企的交流，更对日本企业的精益道场训练体系感到钦佩。

在此次的参观交流中，感受精益的思想和理念如何通过道场获得彻底运用，如何全员参与并自主设计简易适用的作业台、仓储架、物流配送装置，如何改善原材料及产品加工方法、产品运输方式、产品存放方式等，并能够通过道场实现上下游供应链之间的JIT模式操作训练（见图3）。

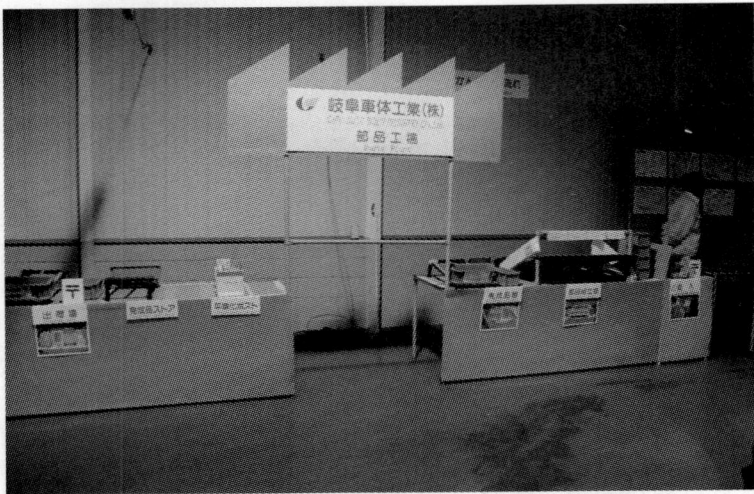

图 3　JIT 生产模式模拟训练岗

　　每一个环节和岗位的道场设计，都能使实际改善以速度、效率、质量等为衡量指标进行检测和显性化，让受训者快速上手，以最快的时间掌握岗位作业技能，全面调动新入职员工或技能不熟练员工的学习热情和竞技意识，以应对企业所面对的人员流动和"90 后"员工管理问题。

丰田道场，感受精益鼻祖的精益文化

　　在丰田现场的参观和交流中，真正感受到在精益生产中，"人、机、料、法、环、测"这六大现场管理要素都是精益生产实施的要点，其中，"人"的要素最难把握。

　　丰田精益生产的理念不是了解每个人的特长后合理使用，而是合理设计生产工艺，确保经过相同的培训后，大多数人都能够达到生产节拍的要求。因此，要成功地推动精益生产，首先要对全员进行全面培训，即需要培育实践型精益人才。

　　负责接待我们的山下先生向我们精彩地演绎了丰田生产方式 TPS 所倡导的人才培养管

理机制，同时山下先生也是丰田海狮工厂道场训练的负责人，整个丰田道场是由他和他的团队主导设计的，根据丰田汽车的整体结构和生产工艺流程，模拟设计出各个岗位的生产标准和岗位配置，从现场生产布局、部件加工、看板管理、目视化管理、标准化管理、组件装配、物流自动周转、作业防呆等方面进行设计，不用去现场，就能了解整车生产流程和标准，通过零距离接触，体验丰田的混流生产、顺序生产、拉式生产、自动化以及"Toyoto Way"的丰田文化与人才培养，真正感悟精益不只是在工厂、精益不只是在现场。

其实不只是丰田，日本企业基本上都在应用道场进行相应的员工训练。在富士通沼津工厂，训练道场更是被应用在对客户进行岗位技能训练上。偌大的一个工厂，除了研发实验室外，就是大量的"富士通银行"、"富士通邮局"、"富士通超市"等模拟训练模块，用以对银行、邮局、超市等客户人员进行岗位训练，以熟悉富士通的产品——相应的硬件及软件（见图4）。

图4　富士通人才中心的 JIT 模拟训练岗

精益实战搭体系　企业内部建道场

中国企业在精益实践过程中，也逐渐认识到"人"在企业精益转型过程中的关键性作用，并希望借助内外部的专业力量，快速打造一支懂精益、能实践的精益人才队伍。

道场训练就是一种全新的人才培养方式，它打破以往传统培训中只局限于知识获取的模式，集培训、实战、模拟、体验为一体，以真正领悟知识、掌握技能、启发思维、运用所学、解决问题而促进企业发展为目标，为企业培养精益实战型人才。

因此，目前中国很多企业也开始筹建自己的训练道场，通过岗位模拟训练，让员工快速熟悉作业技能和岗位配置标准，降低作业失败风险，减少失败成本，并以训练道场为切入点，系统全面地进行企业内人才培养体系建设（见图5）。

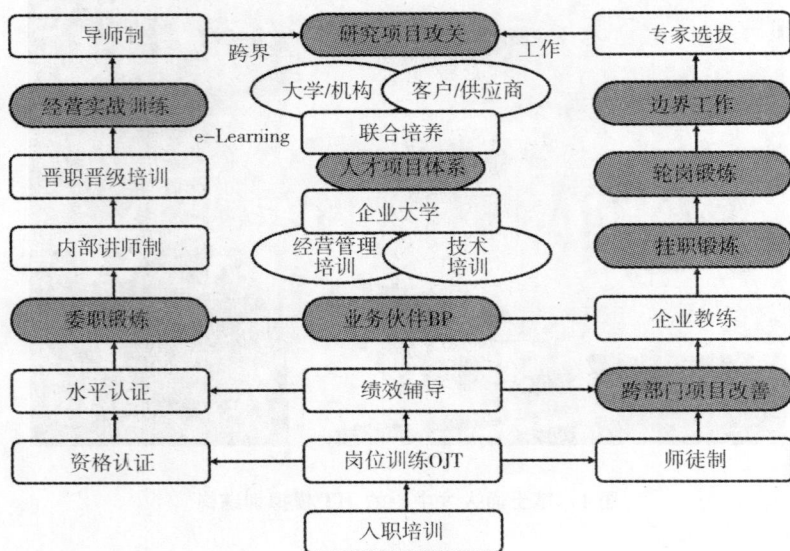

图5　企业人才培养体系建设

见证道场，见证日本企业的人才培养体系

丰田英二说："人才是企业经营的关键，人才决定企业的兴衰。"道场是丰田最重要的人才培养手段，丰田世界各地的工厂及合作伙伴均建有企业内部训练道场。这些道场为丰田系统培育了一支支善于发现问题、改善问题的职业化员工队伍，同时形成了丰田独具特色的教育体系与人才培育机制，这是丰田成功的关键"软实力"。

丰田的育人方式已成为众多企业学习的榜样。

从零缺陷员工评比到"质量选美"

——从益生电子的管理实践看班组活动设计

谢　铨　零牌顾问机构前高级顾问

益生电子是位于广东省东莞市的一家港资电子企业，其享誉业界的"质量选美"活动，培育了浓厚的质量文化，使企业人才辈出，是国内公认的零缺陷管理实践的标杆企业，其"质量选美"活动的策划立意新颖、效果独特，堪称班组活动设计的典范。

从工作质量到零缺陷管理

第一次就把事情做好！这就是工作质量。

任何事情如果不能一次做到位就会产生额外成本。正是基于这一朴素的认识，美国质量管理大师菲利浦·克劳士比（Philip B. Crosby）创立了零缺陷管理理论，成为全球质量管理最重要的管理模式，零缺陷成为质量管理的终极目标。

益生电子是零缺陷管理的忠实实践者，他们深知，工作质量是产品质量和流程质量的基础，因此非常注重提高员工的工作质量。每一个工序都有 1 ~ 3 个关键点，做好标准化作业，把握好关键点和变化点管理，工序质量就能保证。益生电子通过完善标准化作业管理体系，加强员工岗位培训、技能考核和业绩管理，使员工的工作质量意识得到加强，在零缺陷管理理论的指导下营造出严守标准、注重改善的工作氛围。

零缺陷员工评比

益生电子的零缺陷员工评比在业界广为传颂。他们的做法是：员工在经过岗位培训和技能考核合格后才能上岗，通过完善的业绩管理体系数字化地考核员工的工序作业质量。如果员工连续三个月没有出现工作失误和人为质量问题，即可由本人书面申请参与零缺陷员工评比，参评资格确认后，员工又连续三个月（即连续半年）没有出现工作失误和人为质量问题，即由公司公开命名为"零缺陷员工"，并享受零缺陷员工津贴，接受更高一级的质量培训，参与相关质量活动的策划和组织。但是，零缺陷员工一旦出现工作失误和人为质量问题，零缺陷员工称号即自动取消，相应待遇随之调整。公司动态发布零缺陷员工榜，建立了"零缺陷马拉松记录"，不断地更新零缺陷维持月数，显示员工工作质量的持续提高状况。

"质量先生"与"质量小姐"评选

一年一度的选美活动历来是中国香港的城中盛事，美貌与智慧并重的香港小姐是港人心中最具魅力的香港代表之一。益生电子借用类似香港选美的形式，举办一年一度的"质量先生"与"质量小姐"评选活动，培养出浓厚的质量文化。

各部门推荐本年度"质量先生"和"质量小姐"候选人，并组建助其竞选的啦啦队，啦啦队为候选人出谋划策，并集体学习相关质量知识，为参加各项评选活动做准备。

各部门候选人按活动程序参加竞选，通过质量知识竞赛、质量看板评比、质量业绩比拼、质量演讲比赛、零缺陷员工风采、质量改善巡展和质量晚会等环节，不但考察候选人的表现，同时重视啦啦队所表现出来的整体质量意识、质量能力、质量水平和团队精神，最终评选出益生电子年度"质量先生"和"质量小姐"。公司还根据普惠式激励原则，设立了提名奖、入围奖、单项奖和组织奖。

公司对年度"质量先生"、"质量小姐"及其他奖项获得者给予崇高的荣誉：举办隆重的颁奖晚会，由总裁和高层领导亲自颁发奖杯、证书和奖金。除此之外，他们还将赴中国香港参加集团的质量培训，到兄弟公司进行质量管理交流和研讨，每月享受一定标准的质量津贴，参与质量活动的策划和组织。

"质量选美"培养出浓厚的质量文化

从零缺陷员工评比到一年一度的"质量选美"，使益生电子人才辈出，历届零缺陷员工遍布企业各个重要和关键岗位。在益生电子高层领导、中层管理和重要技术岗位上，随处可见早期"质量先生"和"质量小姐"的身影。

虚为内核、实为载体，虚实结合、以实促虚。企业文化通过一系列显性和隐性的过程作用于员工，使员工在服从、实施、碰撞和潜意识遵从的过程中接受企业文化，甚至对企业文化创造性地发挥，产生文化创新的贡献。

益生电子通过新颖独特的形式、内容、过程和制度设计，使零缺陷管理文化渗透到班组，造就了益生电子在业界的标杆地位。

日本班组的恳谈文化

祖　林　零牌顾问机构首席顾问

成立于 1949 年的电装株式会社（Denso Corporation）是世界汽车系统零部件的顶级供应商，1994 年开始在中国运营，目前在中国已经拥有 25 家独资或合资公司。电装公司以全球化的团队式经营管理、开放型的公司文化及员工发展，追求"把关爱和喜悦传递给全世界的人们"，其独具特色的班组恳谈文化，更使员工在关爱中健康成长。

班组恳谈　和谐成长

影响员工工作状态的不仅是作业技能，意识观念、上级认可、同事关系，甚至是思乡之苦、失恋之情、家庭变故都有可能影响员工的工作表现和工作结果。

除了与员工个别交流，电装公司特别重视员工群体交流。各部门、各班组每个月召开一次班组恳谈会，不但涉及日常工作、班组管理、现场改善，更关注员工抱怨、意见和建议。

在日语中，"恳谈"的意思是恳切地交谈，是诚心诚意、真诚恳切交谈的意思。看似"务虚"的班组恳谈会其实非常务实，实中看虚、以虚促实。通过恳谈会，不但可以吸收员工的有效建议，改进班组管理，更能把握一线员工的思想动态，有效引导员工树立正确的意识观念，构建和谐的工作关系。对于恳谈会中发现的个别员工的偏激认识，班组长将结合上级力量进行相关员工的心理疏导，使员工在团队关爱中健康成长。

纵向恳谈　上下互动

企业人员规模达到一定程度的时候就难免形成官僚作风，一线员工难得见上经理一面，更别说正式交流了。为此，电装公司除了一贯坚持"现场、现物、现实"的工作作风，还要求各级干部不定期深入班组与员工进行面对面、心贴心的交流，参与班组恳谈会，组织专门恳谈会，总经理一般一年组织两次公司层面的员工恳谈会，员工与领导直接对话，形成有效的上下互动。

由于注重气氛的营造，这样的上下级恳谈会往往气氛活跃，充满欢声笑语，有时也会出现严肃话题和尴尬场面，但由于心灵开放、坦诚以待，最终都能"寒冰化水"、"如沐春风"。在这样的上下互动过程中，上级还经常能发现一些员工中的好苗子。

员工聚餐　春风化雨

也许是受日本本土企业班后酒文化的影响，电装公司的班组恳谈并不局限于会议室，员工聚餐也是引导员工、协调关系和建设班组的途径。集体获奖聚一聚，员工生日聚一聚，活动启动聚一聚，年尾"忘年会"更要聚一聚。

日本企业的员工聚餐一般实行 AA 制，聚餐费用有平均分担的，也有按级别差别化分担的。例如，在中国聚餐，日籍干部掏 1000 元、经理掏 500 元、主管掏 100 元、员工掏 5

元或免费。聚餐会上，有敬酒的、有道歉的、有表决心的，其乐融融，很多工作中的抱怨、偏见、误解、隔阂，往往能在这样的氛围中化解和消除。

"父母之心" 持久激励

当班长就像当父母，对待员工要像对待自己的孩子一样，不但关心他的工作，还要关心他的身心。这是日本企业班组长普遍具有的管理思维，也是日本企业普遍实施的管理文化。

教导→试错→成长，通过上下级互动促进员工发展。

带着关爱之心和欣赏的眼光，在实际工作中严格要求员工使其提高工作质量，谅解员工偶尔无心的过失，包容员工的一般缺点，帮助员工克服致命的缺点，持续教导员工使其提高作业技能和综合素质——为部下考虑未来、支持员工行动，就算是员工现在不理解，随着年龄和阅历的增长，员工最终还是会理解的，一旦员工理解到上级的良苦用心，他将激发内心潜能、走上快速成长的道路。

工余活动 丰富生活

"欲问大和魂，朝阳底下看山樱。"樱花烂漫时节，人们携酒带看在樱花树下席地而坐，边赏樱、边畅饮。日本人赏樱，有与家人、亲戚和朋友一起的，由企业组织、员工及其家属参与的赏樱活动也不在少数。

赏樱活动只是班组工余活动的一种形式，登山、秋游、趣味运动会……电装公司每年组织多种多样、丰富多彩的班组工余活动。在严肃的工作之余，员工之间用另一种完全放松的方式相处，展现个性，加深同事之间的了解、信任和友谊。

真诚做人、用心做事。坦诚是一种基本的态度，是改善与合作的基础。

无处不在的电装恳谈文化，创造了轻松、和谐、善意和积极向上的企业人际环境，员工工作满意度很高。

聚焦人的改变　培养改善文化

——6S 管理助泰豪科技加强基础管理，支撑企业发展

刘　璋　江西省质量协会副秘书长

6S 管理是企业的一项基础管理。6S 管理在泰豪科技的成功实践，是动员全员参与管理的一种科学方法。本文就企业如何应用 6S 管理工具，打造 6S 管理平台进行了阐述。

当您走进泰豪科技股份有限公司（以下简称"泰豪科技"），也许会赞叹泰豪科技园区优美的生态环境，也许会被干净明亮的生产车间、紧张有序的生产场面所感染——这就是 6S 管理给泰豪带来的变化。

2004 年泰豪科技黄代放董事长亲自邀请了清华大学经济管理学院的欧阳桃花博士和广州零牌专家组，为泰豪科技导入了 6S 管理。五年来，泰豪科技不仅把它作为一种管理方法来推进，同时作为一种管理理念来灌输、作为一种管理平台来打造。

2009 年 3 月，国内制造管理专家祖林再次深入泰豪科技的江西高安、南昌高新、小兰和瑶湖四个生产基地进行现场调研和交流。五年之后再回首，一个个现场管理痕迹、众多充满智慧和巧思的改善亮点、员工洋溢着热情和乐趣的讲解，无不折射出 6S 管理在泰豪科技绽放出的管理光芒。

开展6S活动，强化基础管理

（1）6S管理是企业管理的重要基础。基础管理是企业最重要的竞争力之一。没有牢固的基础，企业就经不起大风大浪，就不可能在市场经济的风雨中立于不败之地。综观企业在市场经济中的成败，做得不好的企业往往是核心竞争力不强，而做死了的企业则往往是基础管理薄弱所致。因此，基础管理就像一座高楼大厦的地基，在企业发展中占据着重要的地位。泰豪科技先期已通过了ISO9001质量管理体系、ISO14001环境管理体系、OH-SAS18001职业健康安全管理体系的认证，目前正在推进卓越绩效管理模式，但是正确的现场管理意识及彻底的现场6S管理是企业整个管理系统的基础。

（2）6S管理是企业文化建设的需要。作为一个优秀的企业，不仅要为社会生产符合要求的产品，而且还要培养出符合要求的人才。因此，泰豪科技十分注重培育自己的企业文化，把培养人才放在重要的位置。但是企业文化是具体的，需要通过一定的方式和载体来反映和实现。

6S管理的核心目的就是习惯良化，是通过创造环境的变化来引导人的变化，是通过创造一流的环境来教育人、感染人、熏陶人、培养人。因此，公司导入的6S管理是使企业文化落地的一种重要载体。在规范现场管理的过程中，我们不仅提升了团队的业绩能力和管理水平，更重要的是培育了企业的文化。

（3）6S管理是提升企业执行力的保证。6S管理通过提升员工的行为质量来提高员工的工作质量，最终提高企业产品质量。黄代放董事长也多次提出，要通过抓好员工的行为质量，不断提高产品质量，强调"从细节开始铸造品牌，力图构建品牌效益，以形成不可复制的差异化竞争优势"。6S管理正是通过细节管理来使员工养成一种对工作认真细致、一丝不苟的态度和习惯，最终提高员工的素质——人的行为质量。只有员工素质提高，一些更高要求的管理才有可能达到，培养一支有执行力的队伍，企业执行力才能得到有效的保证。

有效推进 6S 管理

泰豪科技的 6S 管理经历了从形式到内容、从表面到深入、从被动到自然、从外在到内心这四个过程，在实践中可以深深地体会到以下四方面内容：

（1）领导重视是做好 6S 管理工作的关键。6S 管理工作既不是强制性认证，也不是推荐性认证；既没有认证证书，也没有统一标准，完全是企业的一种自觉自愿的行为。更确切地说，导入 6S 管理主要是企业最高管理者的选择。

公司领导十分重视泰豪科技的 6S 管理，并成立了以副总裁挂帅，公司质量部、各核算单位副总经理参加的 6S 推进委员会。为使此项工作层层落实，在各个核算单位，成立了以副总经理为首、各生产制造部门负责人参加的 6S 工作推进小组。这样一来，推进工作确保了 6S 通道的畅通，不管在哪个层面，都会有相关人员去推动和落实。高层领导的参与保证了尽可能地调动资源支援 6S，车间主任、班组长层层抓落实，发挥全员参与，群策群力，共同做好 6S 管理。

泰豪科技的 6S 管理从导入之初到现在，公司领导、各核算单位负责人一直都非常重视，不仅将其列入工作议程，每年还组织相关的培训，同时纳入公司/车间/班组的月度绩效考核。各核算单位从车间到班组和个人，充分发挥全员参与的优势，不断地持续改进，才有了今天的成绩。

（2）注重策划是做好 6S 管理工作的前提。做好策划工作是"磨刀不误砍柴工"，策划工作做好了，事情就等于成功了一半。策划主要包括两个方面：

一是抓好 6S 管理推进工作策划。在项目开始实施之前，进行系统的策划，包括请专家到现场实地考察，高层领导和具体实施部门共同了解实际情况并商讨，制定了一套完整的推进方案，包括组织对员工的培训、组织到优秀企业参观学习、应用各种管理工具和方法等。

二是抓好 6S 现场管理布局的策划。结合生产流程的优化，开始在各部门树立样板工程，找准突破口和切入点，抓好典型，由点到面，进行推广。结合样板工程的开展，各个部门循序渐进，从现场目视管理、管理看板、定置定位开始，建立了员工学习室、车间吸烟点，在享受良好现场给员工带来实实在在变化的同时，员工的自主改善意识有了相应的提高，在具体执行力上也有了长足的进步。

（3）抓好考核是做好 6S 管理的保证。6S 管理没有任何奥妙之处，一看就懂，一学就会。但是人的惰性和习惯又往往使人们开始不会主动去做，不可能很快变成人们的自觉行为。因此，推动 6S 管理工作开始必须制定严格的考核制度，这是做好 6S 工作的保证。经过公司经理办公会讨论，形成规范的、大家都认可的 6S 检查评比制度。

一是奖励优秀。泰豪科技每年都会在员工大会上对 6S 先进单位、先进个人及优秀合理化建议成果进行表彰和奖励，这不仅极大地鼓舞了全体员工做好、做实 6S 的信心，而且达到了激励先进、鞭策落后的效果。

二是惩罚落后。公司和车间每月组织开展对生产现场的检查考核，检查情况进行排序并公布，检查结果与各单位负责人的月度业绩考核挂钩。

（4）持续创新是做好 6S 管理的灵魂。6S 管理要不断创新，并不断赋予新的内涵，才能使工作常做常新，不断提升泰豪科技的管理水平。

一是检查考核工作的创新：

形式上，检查方式由公司独立检查变为公司和各单位联合检查；月度例会的汇报形式从书面汇报转变为用幻灯片（PPT）汇报，由公司质量部独立汇报转变为公司质量部和各单位一起汇报；月度例会从仅坐在公司会议室召开变为到各单位现场召开和现场参观学习相结合；由会前公布评比结果改为会后公布。这些形式上的不断创新，使我们的工作不断改进，现场的变化见证了这些创新的成效。

内容上，考核的内容从基本要求上升到对各单位上月整改工作及会议上提出的专项工作和重点工作要求，并形成了 PDCA 的闭环，完善了监督、考核机制，不断实施持续改进。

二是生产现场改进的创新：

结合 6S 管理对工艺流程进行优化。合理优化生产流程,根据人的"经济动作"原则和物流"距离最短"原则不断进行改进,提高工作效率。

结合 6S 管理对生产工位器具进行制作。为了做好现场"定点、定容、定量"的整顿工作,发动员工利用边角废料,因陋就简,制作的生产工位器具既经济又实用。

结合 6S 管理对生产制造过程降成本进行挖潜。在规范现场管理的过程中,发动员工围绕"降成本、增效益"提出合理化建议,开展 QC 活动,效果明显。

结合 6S 管理对环境保护和员工职业健康安全进行改进。当员工认识到 6S 管理与自己的切身利益息息相关时,他们就会主动去动脑筋、想办法,改进环保和安全方面的工作。

实践使我们认识到:现场改善无止境。员工蕴藏着极大的积极性和无限的创造力,只要我们认真加以引导,努力挖掘,就会使这种积极性和创造力迸发出来。

聚焦人的改变,助力企业发展

"6S 在泰豪科技开花了,部分结果了,开始沉淀出文化了!"祖林老师如是评价。

6S 管理,这项看似简单的管理活动在泰豪科技开花结果,不仅得益于泰豪科技掌握了现场改善的具体方法,更在于其建立了有效的推行机制。

通过改变现场来改变人,通过创造优秀的现场来影响人、教育人、感染人、培养人、熏陶人——聚焦人的改变,提高员工的行为质量,并作为公司企业文化建设的一项重要内容,围绕使员工改变而进行 6S 管理活动的导入策划和推进机制设计,是泰豪科技 6S 管理成功的关键。

外部参观交流,创建样板工程,制作改善案例,导入周检、月度评比和自主改善机制……遵循"我制定、我遵守,我检查、我改善"的管理原则,6S 管理导入过程和日常推进机制充分调动了各级干部和一线员工的自主性,并使这一机制在长达六年的企业发展过程中不断完善和优化,为泰豪科技加强制造体系建设奠定了良好的基础。

2005 年 8 月，泰豪科技召开第一次年度 5S 总结表彰大会；2006 年 3 月，泰豪科技表彰制造体系建设十大标兵；2007 年 1 月，泰豪科技将 5S 升级为 6S（加上"安全"）；2007 年 11 月，泰豪科技组织全员"6S 管理（提升篇）"培训；2009 年 3 月，泰豪科技组织"6S 与精益生产革新"专题研讨会；2009 年 8 月，泰豪科技组织进行首批制造体系内部讲师集训……

走进泰豪科技现场，人们无不被洁净、明亮、有序而充满亮点的现场所感染，睹物思人，人们被泰豪科技处处洋溢出的"坦诚、改善、合作"的现场文化深深感动。

总结 6 年历程，泰豪科技各级干部体会深刻：不仅要把 6S 作为一种管理方法来推进，同时要作为一种管理理念来灌输。打造 6S 管理平台极大地加强了泰豪科技的基础管理，提高了企业的竞争力！

6S 管理帮助泰豪科技加强基础管理，支撑企业发展。2004 年 9 月，泰豪科技被国家质检总局授予"全国质量管理先进企业"称号；2006 年 9 月，泰豪牌中小型发电机被国家质检总局评为"中国名牌产品"；2006 年 10 月，泰豪科技被国家工商局认定为"中国驰名商标"，并与 ABB 成功合资；2009 年 7 月，泰豪科技获得南昌市首届市长质量奖。

聚焦人的改变，提高行为质量，培养改善文化。6S 管理不是说出来的，而是做出来的。泰豪科技持之以恒地加强基础管理、推进制造体系建设，其坚持令人欣慰、令人感动。

任东行初出江湖

李柏楼　艾利（广州）包装系统产品有限公司

第二天车间巡检时，我看见铁中棠在给任东行布置任务，后者一脸轻松，还有一丝以前没见过的笑容，让人眼前一亮！或许已经领悟到自己的工作方向了，他在逐步地成长！

"早上好，李主管！有空吗?"老机长铁中棠从六色印刷机的飞达部位探出脑袋对我喊。

铁中棠技术好，组织能力强，为人也不错，平时很少有处理不好的事情，我知道肯定是有情况了。

原来，老铁机台新来的学徒任东行工作态度出了问题："这家伙整天苦着脸，干活一点儿不带劲儿，更谈不上主动积极，飞达印机现在开不好倒也罢了，还不好好学！有时候我帮他调机，他却站在一边儿打瞌睡！大伙儿都笑我养了一个大老爷！跟他谈了几次都没用，我看他这试用期该结束了！"

任东行是印刷中专应届毕业生，加入公司刚两周，还没过试用期呢就遭遇投诉。

下午，我抽空把任东行叫到办公室。

"请坐！"微笑，注视，一连串身体语言下来，任东行很快放松下来，并把一切和盘托出。

任东行在读印刷专业时，发现自己并不喜欢印刷这一行，毕业时本想改行，但学历不高不好找，家里又出了点儿问题，需要他赶紧挣钱贴补家用，所以，将就着进入公司，想干个一年半载，一旦找到方向就转行——有这样的心态，难怪有如此工作表现。

接下来，我照例一通说教，不外乎"做一行爱一行"之类，最后警告说表现不改善会马上终止试用期。

两周后，铁中棠主动找了我。"任东行有进步，不打瞌睡了，但做事主动性还是不够，还是辞退或者换个机台吧。"

我想了想："既然有进步，就再观察观察，我再找他谈谈。"铁中棠苦笑着点头离去。

这点儿小问题都搞不定，是否太失败了？

其实我做管理也就一年多，还真没什么看家招数呢！算了，把任东行辞掉完事！

可是，想起任东行坦诚相告的情形，又有点不甘心：不行，任东行刚出校门、初踏社会，不能这样放弃他！

想了一会儿，我决定给任东行来个最后通牒！我把"终止试用期通知书"拿出来，写上任东行三个字，准备妥当后再次把任东行请来，两句闲话后，把"终止试用期通知书"往他面前一推："咱直说，鉴于你工作表现达不到工作要求，公司要终止你的试用期，请签字！"

任东行脸色大变，盯着"终止试用期通知书"一动不动。我心想，如果他连再做一年半载的意愿都没有了，那只能说再见了。

憋了足足有一分钟，任东行眼中略带泪光地说："请再给我一次机会好吗？"还有救！

"要终止你的试用期，是因为你没通过机长的考核，按公司规定就要离开，谁也保不了你！你刚从学校出来，可能对前途有点迷惘，咱俩也算谈得来，请问，想听听我的建议吗？"

任东行点点头。

"有两个选择：一是离开公司另谋发展；二是努力通过机长的考核，在公司开心地上班。"

任东行黯然："我想留下，但我不知道如何才能通过铁机长的考核，这两周我已经努力了。"

"如果只是为了通过考核去工作是不行的，你近两周的表现就是证明。要通过考核这一关就要调整心态，换一种生活态度！"看着任东行疑惑的眼神，我接着说："我不知道你家里出了什么事，但我能肯定你对自己的前途看不清。我有过跟你同样的经历，我可以肯定地说，你健康、年轻，完全可以在一家很好的公司学一门很不错的技术。印刷技术员目前相当缺乏，收入又高，以你的条件，只要用心，必然能在 3～5 年成为一位出色的机长，到时你在国内任何一个发达的城市都能找一份待遇良好的工作。公司是你人生的第一个单位，你没有对比过，绝大部分员工都会告诉你公司是他工作过最好的公司！"

任东行两眼开始恢复神采，我接着鼓励："你前途无忧，可以拥有非常美好的未来！在追求理想的同时享受每一天愉快的工作和生活——你要怀着这种心态投入工作，跟每一个人交往，你的考核会很轻松地通过！"

第二天，车间巡检，我看见铁中棠在给任东行布置任务，后者一脸轻松，还有一丝以前从未见过的笑容，让人眼前一亮！或许已经领悟到自己的工作方向了，他在逐步地成长！

在任东行通过试用期那天，我异常兴奋。我想，我跟任东行等一大批同事都在学习中成长着。

敲门与个人品牌

祖　林　零牌顾问机构首席顾问

有一次在深圳做培训，一位40岁出头的生产主管在课间交流时谈及他的个人困惑：长期在工厂工作，只要车间有生产就必须跟着，大部分情况下每天晚上都要加班到九点以后，甚至有时连周末都是这样，一个月难得休息几天。这种上有老下有小的年龄，做久了，既有压力又有点儿腻了。出路何在？跳槽？谁也不能确保会不会从一个"火坑"跳到另一个"火坑"。

他的一席话激发了我的同感。有人戏言：在工厂长期工作，做来做去就是那几件事，出来出去都是那几种错误，骂来骂去都是那几个人，而且企业形同铁桶，几乎与世隔绝。

"您有没有想过去技校教书？"

"不行啊！我没有文凭！我只是高中毕业。"

"没有文凭，您有什么呢？"由于一直担任这家企业的集团制造管理顾问，我知道他们在广东、山东和四川都有技工学校作为长期的用工基地，而且在每批学生进厂之前必定由企业派遣有经验、有技术的骨干对学生进行一个月的实操培训，考核合格者方可录取。

他似乎有些吃惊。因为，在去技校担任短期实操培训的老师中就有他身边的同事，论经验和技术，他们也不相上下。

"你敲门，门就开！你不敲门，门就不开！"连我自己都对自己说出的话感到新鲜和吃惊，但这确实是我内心的真实感受。

　　于是，我和他分享了我在离开工厂之后怎样由服务于一个企业到服务于一个行业，怎样敲企业的门、敲出版社的门、敲大学的门，虽然不是一敲门门就开，但只要不断提升、持之以恒，该开的门都开了。

　　"老师，您的建议我得好好思考！希望以后能再次得到您的指导！"取了一张我的名片，这位主管若有所思地回到了座位。

　　这位主管面临的困惑在中年人士中有一定的代表性。记得看过一篇名叫《在企业内创建个人品牌》的网络文章，文中描述说："你隶属于一个组织，甚至隶属于一条简单的流水线，制造一个个小小的元部件，用电脑打印一张张小小的发票，这就是你的工作，不是你不优秀，久而久之，你被淹没于一个浩瀚的海洋。在一个相对自由的领域，如在大学的校园里，你曾经拥有什么样的个性？你的身份曾经很有象征意义，可能在这里，你逐渐失去了光环，被淹没了。"

　　为此，作者提出要"反淹没"："要创建个人品牌，你必须反淹没。找回你自己，在相对自由的组织中，你曾经拥有什么有意义的身份？那么，从现在开始，对你的个人品牌进行'意义管理'，拔高你人生中本真的品质……如你原本可以成为一个经济学家、一个文学家或一个新闻工作者，按照你的兴趣重新定位，冲出'淹没'，从制造业或者其他企业的藩篱中伸出触角来。"

　　"反淹没之后你可以走得更远。"作者感叹道。

　　文章还探讨了归属感的问题。"使自己对某个企业产生归属感是愚蠢的。因为职业生涯不应该是纵向的，也不属于个体企业，它应是水平的，属于一个行业或者一个领域，只有在这个行业产生归属感，你才可以称得上有了个人品牌。"

　　"所以，个人品牌的外延范围是整个行业，你要在这个领域创造个人品牌，没必要归属于某个企业，如果你仅有能力为这个企业工作，你的处境永远是不安全的。一定不要寻找属于某个企业的归属感，创建个人品牌的你要成为这个领域、这个行业的专家才是对的，这个行业对你来说，到处都是机会。"

　　从服务于一个企业到服务于一个行业，从归属于一个企业到归属于一个职业、忠诚于一个专业，这是职场人士职业化发展的必由之路。职业化的过程是自我蜕变、自我革新、自我培养的过程。因此，要充分利用在企业承担责任的机会不断提升自己，为企业更好地创造价值，同时把自己修炼成社会认可的专业人士，最终立足于社会、贡献于社会。

这正是零牌专家组多年来弘扬的职业化思想。要实践这一思想，立足眼前、着眼长远非常重要。试想，眼前的工作都不能做到游刃有余，又有何条件思考关于未来的事情呢？

怎样做到游刃有余？这就要讲究方法，在被动"救火"的同时不断完善流程，由事后管理向事前管理转变，逐步变被动为主动，利用时间思考关于未来的事情，提升"创业绩、带队伍、播文化"的职责承担能力，实现从部门管理向部门经营转变，从完成任务向运用资源使部门价值最大化转变。

"机会属于有准备的人。"这是我的高中班主任、全国优秀教师谢远谱老师留给我印象最深的一句话。

有能力才有自由，有能力才有选择。国家在发展过程中需要大量高级人才、专业人才，谁能成为机会的宠儿？

唯有那些敢于敲门的人！

马士基引发的中国故事

——从一次冲突看班组沟通

祖　林　零牌顾问机构首席顾问

　　一次正常的工作布置，由于采用简单的行政命令方式而引来一场冲突，善于自省的班长通过分阶段、多方式沟通，消除了隔阂，巩固了员工的业务行为；面对同样的情形，另一位班长主动与员工讨价还价，听取员工的真知灼见，自身也作为一员参与其中，一起确定方案，一起开展行动，结果是员工主动、积极地参与业务改善，共享工作乐趣。

　　"我制定，我遵守"、"我检查，我改善"，这是班组自主管理的两大基本法则。沟通不是工作的一部分，而是工作的一种方式，本文通过两个对比案例，阐述班组沟通的要点和诀窍。

　　中国用通集团是全球最大的集装箱专业生产厂家，马士基（Maersk）是全球最大的船务公司之一，也是用通集团的第一大客户。与一般产品不同，集装箱生产采用的是客户代表（俗称"箱东代表"）驻厂制，由客户代表全程跟踪集装箱生产过程，实行质量控制。虽然集装箱是国际标准化产品，但各大客户甚至是同一客户的不同代表对其质量控制往往有不同的侧重点，企业必须根据客户（更直接地说是箱东代表）的个性化要求调整质量控制重点，确保客户满意。

　　马士基的前任箱东代表最重视焊接，他说，集装箱是全球运输装备，焊接质量决定了其强度，如果保证不了会出大事，至于油漆，达到标准就行了。可是新来的箱东代表可不这么认为，他说，焊接是传统工艺，只要按照规范生产，谁做都能满足强度要求；油漆可不一样，一年365天，集装箱风里来雨里去，风吹日晒雨淋，如果油漆不过关，集装箱腐蚀后漏光漏水，那损失可就大了。

按照集装箱国际技术标准，油漆膜厚的规格是170~250微米，通常为了保证质量同时控制成本，用通集团一般将油漆膜厚控制在170~190微米；现在，箱东代表换了，新的箱东代表明确要求将膜厚提高到210微米以上，否则就不收箱，马士基的一个小变化引发出诸多故事。

○ 南方故事 ─────────────────────────────

代表换了，要求变了

马士基的箱东代表换了！用通集团南方公司油漆班班长郝向东知道又有工作要做了。

果不其然，在刚刚召开的临时质量专题会上，质量部经理告诉大家，新来的马士基箱东代表非常重视油漆质量，明确要求油漆膜厚一定要在210微米以上，否则拒绝收箱。因此，希望油漆班马上调整油漆工艺和员工操作，确保百分之百达到客户要求。现在郝向东刚开完会，正赶往生产线去落实呢。

要求下了，两人火了

郝向东快步来到生产线，大声对老油漆工王师傅喊："王师傅，你过来！"

"什么事？"现场实在太吵了，三声之后，老王停下手中的活儿走了过来。

"你马上把油漆工艺调整一下！一定要调到所有的膜厚都在210微米以上！"

"调什么调？以前都是最低170微米，为什么要调到210微米？"老王一脸不解。

"我叫你调你就调！"郝班长一看王师傅不服从，声音提高了八度，他有点儿急了。

"你说调就调吗？油漆耗量超标怎么办？考核谁？"不解变成了不满。

"我跟你说，不是我要调，是马士基的箱东代表要调！今天你调也得调、不调也得调！"火药味一下子浓了。

两人火了，打圆场了

"什么事什么事？"正在干活的油漆工闫和平看到班长和王师傅吵起来了，赶紧过来打圆场。

在了解事情原委之后，闫和平对王师傅说："这样吧，老王，我们先按要求调整，确实是马士基的箱东代表换了，至于油漆耗量问题，我们回头再说。"

老王扭头瞥了郝向东一眼，转身和闫和平走了。

心里通了，气儿消了

一整天，郝向东都为这件事不快，下班也阴着脸回到家。

"怎么？对我有意见啊？"太太回到家第一句话就问。

"啊，没有啊，你对我这么好，我哪敢有意见？"听到太太发问，郝向东才意识到自己的状态，赶紧笑脸相迎，虽然有点儿勉强。

"那为什么阴着脸呢？"

"别说了，今天跟老王吵了一架。"

"啊？你也会和人吵架？"

见太太这么关心，郝向东就把事情和太太说了，说完，心里感觉舒服很多。

"嗨，你也是，怎么说你也算领导呀，当着大家的面这样对老王大喊大叫，不讲究点儿方式方法，换成你是老王，受得了吗？"

郝向东想想，也是，虽然我的要求是对的，可是我的方式是不恰当的。郝向东顿时有点儿歉意，他拿起手机，给王师傅发了个短信："老王，晚上好！我是郝向东，不好意思，今天下午的事我太急、脾气不好，我向您道个歉，希望您谅解！"

过了一会儿，老王回信："呵呵，我也太犟，都是性情中人。"

再见面了，心儿近了

第二天一早，早会现场。

"老王，早上好！"

"早上好！班长。"

"不好意思，昨天我太急，没把事情先跟您说清楚……"

"哪里哪里，昨天我也不对，没了解清楚就……"雨后初晴，一场冲突烟消云散。

"不过，老王，我还想和您探讨一下油漆工艺调整的问题，您昨天提的耗量超标问题非常好，如果我们能找到优化的工艺条件，将油漆膜厚稳定在210～220微米，既满足了客户的要求，又能最大限度地控制成本增加……"

"是啊，如果我们有足够的工艺调整能力，油漆膜厚要多少就能稳定到多少，那我们满足客户要求就容易多了。"

俗话说"沟通有益"，正确的工作要求还需要恰当的沟通过程才能有效推进。沟通不是工作的一部分，而是工作的手段和方法。南方故事体现了沟通的重要性，揭示了班组沟通的基本要点：

（1）利用手机短信这种不见面的沟通方式能巧妙化解见面时的尴尬，有效处理人际冲突。

（2）利用多种方式进行分阶段沟通，能消除情绪对立，快速切入具体的业务，探讨并达成共识。

（3）做干部要善于自省，改变自己才能改变他人，通过改变对人对事的方式而使人和事发生自己所希望的改变。

○ 北方故事————————————————————————————————

代表换了，要求变了

马士基箱东代表换了！用通集团北方公司油漆班班长何芳知道又有工作要做了。

果不其然，在刚刚召开的临时质量专题会上，质量部经理告诉大家，新来的马士基箱东代表非常重视油漆质量，明确要求油漆膜厚一定要在 210 微米以上，否则拒绝收箱。因此，希望油漆班马上调整油漆工艺和员工操作，确保百分之百达到客户要求。现在，何芳刚开完会，正赶往生产线去落实呢。

要求下了，心儿通了

"王师傅，辛苦啦！"

"小芳好！"

"王师傅，您什么时候方便，我想和您商量一件重要的事情。"

"马上就好！五分钟。"

五分钟后，现场办公点。"老王，您喝水。老王，马士基的箱东代表换了，新来的箱东代表非常重视油漆质量，明确要求油漆膜厚一定要在 210 微米以上，否则拒绝收箱。刚才公司召开了临时质量专题会，要求我们马上调整油漆工艺和员工操作，确保百分之百达到客户要求，还要最大限度地控制成本增加。关于这件事目前我还没有一个成熟的方案，您是我们班的老员工，经验丰富，现在我想和您商量，看看您有什么建议。"

"哦，是这样。小芳，其实我一直有一个看法，就是我们的油漆工艺标准化做得很不到位，对员工的作业技能依赖过大，这样很难确保质量稳定，油漆消耗量波动也很大。现在箱东代表换了，倒是一个很好的契机，如果我们能通过标准化找到优化的工艺条件，将油漆膜厚稳定在 210~220 微米，既满足了客户的要求，又能最大限度地控制成本增加。"老王果然经验丰富。

"决定油漆质量的工艺参数多达 17 个，现在没有一个细化的作业标准，哪些参数固定、哪些参数可调、在什么范围调整最优，做马士基的箱和做 P&O 的箱是否要有所区别，膜厚高一点怎么调、低一点怎么调，这些其实都有讲究。"老王一边说一边从口袋里掏出一张发皱的纸，上面密密麻麻地写满了文字和数字，还有两幅草图。

"这是我最近总结的一些工艺步骤，我发现按照这些步骤操作既能达到质量要求，又能最大限度地减少油漆消耗，所以我最近两个月在油漆消耗达标上都是全班第一。"

"太棒了！老王，我算是找对人啦！"何芳忍不住内心的兴奋和赞美。

"不过这些条件不一定完全适合马士基现在的要求，但我们可以做试验……"

共识有了，行动有了

"太好了！老王，您看这样行不行，按照您刚才的方案我们马上到现场进行试验，注意，不求一步到位，要稳中求胜，争取今天上午拿出一个初步的结果，之后我再编制一份书面报告，向王经理和质量部汇报。"

"好！那我马上去准备一下。"看着王师傅矫健的身影，何芳内心倍感踏实。

其实，会议结束时何芳心中也有了一个初步的方案，和老王的差不多，没想到老王把他多年的经验写在了纸上，这些都是心血之作啊，以这些条件为基础进行试验和优化，做起来就快多了。

何芳庆幸自己没有一开始就把自己的方案一股脑儿倒出来让老王简单地去执行，否则不知道老王又要把自己多年的经验在口袋里揣多久！

远处传来王师傅轻快的口哨声，在嘈杂的环境中是那么有穿透力。

结果有了，心儿亮了

经过两个多小时的试验，总算有了初步结果，看来老王的方案不错，尤其经过两个人的完善和试验中的微调，基本能达到 210～220 微米的要求。

"太棒了！"何芳竖起大拇指，老王腼腆地笑了。

又提要求了，半推半就了

"王师傅，我想和您商量一下，现在我们有了初步的条件，要执行下去还得靠大家共同遵守。我有个想法，今天晚上我们组织一个专题培训，让油漆班的全体员工参加，请您做老师，和大家讲讲具体怎样调整油漆工艺、稳定油漆质量……"

老王直摆手："不行不行，我俩在一起说说可以，要上课我可不行，咱是农村人，文化不够。"

"您一定能讲好！刚才您不是说得挺好，怎么跟我说您就怎么讲！"

"那我试试吧，讲得不好的地方，请您纠正和补充。"

培训了，激昂了

当晚七点，油漆班全体员工在公司培训室参加专题培训，人手一份的"油漆工艺调整要点"上醒目地印着"编制：王逍遥"，第一排座位上坐着生产部经理、质量部经理、油漆质检员、生产部主管等众多干部。

王师傅开始有点儿紧张，但渐渐激昂……

"我制定，我遵守"、"我检查，我改善"，这是班组自主管理的两大基本法则：当一个人参与了决策（决定）的时候，他遵守决策（决定）的意识会更强；当员工自主运用专业标准判断工作和现场时，他发现问题、改善业务的主动性会更高。

北方故事还生动地说明，班组沟通中有很多软性的技巧可以有效提高沟通的效果：

（1）主动和有能力的人"讨价还价"，可以调动其工作积极性。

（2）善于向员工道辛苦，肯定员工的能力和贡献，真诚而恰当地赞美员工，能营造轻松、和谐、善意和积极向上的人际环境和工作氛围。

（3）引导员工不断总结提升，让员工担任内部讲师，不但能有效激励员工，而且是加强标准化、快速复制经验的捷径，能收到举一反三、事半功倍的效果。

正所谓"留心处处是美景，思考事事皆文章"，在思考中实践、在实践中感悟、在感悟中总结、在总结中提高，我们就能在一时一事中长阅历、长能力。

班组管理，其乐无穷！

"臭水平" VS "野蛮操作"
——从一场冲突看生产部门与设备部门之间的工作关系

祖　林　零牌顾问机构首席顾问

一次发生在现场的部门间冲突，能折射出部门间工作关系建设的奥妙。

在制造型企业，生产部门与品管部门常常是一对冤家，生产部门与设备维护部门也经常"烽烟四起"，关系非常难协调。

设备坏了

"王师傅，我们的三点焊机又坏了，班长让我通知您快点儿帮我们修一下，客户等着出货呢！"生产线员工小刘气喘吁吁地来到维修车间，对维修工老王说。

"这帮粗人！肯定又是野蛮操作！"听到小刘的叫喊，王师傅一肚子不高兴。

"知道了！没看见我忙着吗？"王师傅头都没抬地说。

看见王师傅这个态度，小刘只好转身回去了。

"哼！我叫不动你，总有人能叫动你！"班长把情况立即向主管做了汇报。生产主管非常客气地联络维修主管，请求对方支持。

"王师傅，生产线说三点焊机坏了，请您马上去修哟！"王师傅见这事惊动了主管，立即起身收拾好工具，提着工具箱往生产线走，边走心里边骂："又在告老子的状！"

冲突起了

来到生产线，小刘正站在设备旁。

"王师傅，又要辛苦您了！快点儿啊，客户正在等着我们出货呢！"小刘不无得意地揶揄道。

王师傅听了很不是滋味，却无法发作，他没吭声，开始修起设备来。

气不顺，修理也不顺，小刘这边呢，有时叫他递个抹布也不递、递个扳手也不配合，还不时说些风凉话，真是越修越窝火。故障原因怎么找都找不出来，乘着小刘说了一句风凉话，王师傅将手中的工具往地上猛一丢："你什么态度？不干了！"说完，气呼呼地回维修车间了。

经理发话了

这可不得了，设备没人修，出货追得急，这事儿一下子捅到了生产部经理那里，生产部经理非常客气地给设备部经理打了一个电话，请求对方支持。

"李主管，请您亲自前往生产线修理三点焊机，限你30分钟之内必须解决！"设备部经理有点儿恼怒地对维修主管下了命令。

设备修好了

李主管火急火燎地来到生产线，亲自钻进三点焊机。主管就是主管，不一会儿工夫，设备就修好了。

小刘一直站在一旁，不敢吭声，看设备修好了，赶紧开始生产。

关系还要"修"

设备的故障是排除了，可是两位经理却知道，两个部门之间合作的"故障"并没有消除，于是，生产部经理和设备部经理决定利用这个机会进行一次干部教育，否则，这样的事情老是要经理发话，工作还怎么做？

下午五点，生产部相关干部和当事人小刘，以及设备部相关干部和当事人王师傅被召集到第一会议室，分坐在口字形会议桌的两旁，由坐在主席位上的两位经理联合主持本次会议。

会议开了

生产部经理："各位，下午好！非常感谢大家在百忙之中来参加我们两个部门的工作协调会！在开会之前，我首先代表生产部衷心感谢设备部对我们的大力支持！没有你们的支持，今年这个生产旺季我们不可能创造月产 20 万台的历史纪录！同志们辛苦了！

当然啦，在生产过程中，我们在设备的日常点检和正确使用方面做得还很不够，我们还存在野蛮操作的情况！在今天这个会上，我希望设备部的各位同事大胆地给我们指出来！我们一定改！"

经理一席话，让生产部的员工心里直叫苦："经理啊经理，今天我们是希望你来伸张正义的，他们维修水平这么臭还要脾气，你怎么还感谢他们呢？"可转念一想，我们经理说得也没错，这帮做维修的同事也不容易，东奔西跑、天天救火，这边没修好，那边又来催了，整天在设备里钻进钻出，满身油污，确实辛苦！再说，嘿嘿，我们有时也确实会野蛮操作，你看，我刚才还用扳手按按钮呢，于是对经理的话有所理解。

设备部的员工一听，有点儿意外：原来还以为生产部经理一上来肯定是先说我们的不是，没想到他首先感谢我们的支持、承认他们的不足！还主动请我们提意见，说他们一定改！原来准备炮轰生产部的一万个理由，这时候也就收了起来。

这时，设备部经理接上话："同志们，下午好！在这个会上，我们设备部要衷心感谢生产部的大力支持！今年虽然生产任务繁忙，但生产部在加强设备一级维护方面还是做了很多工作，有了很大的进步！

在这里，我想首先表明一个态度：生产部就是我们的内部客户，服务生产是我们的责任！就算是受点儿委屈，也得把工作做好！

当然，在工作过程中难免会有一些实际问题，有问题是正常的，今天我们召集大家开会，就是希望通过沟通能加深了解、增进共识、协调行动，共同把工作做好。"

生产部的员工一听：哦，原来设备部的领导还是知道我们在设备管理方面做了很多工作的。设备部的员工一听：生产部是我们的内部客户，我们是内部供应商，做供应商哪有不受委屈的？就算是受了委屈，该做的还是要做。

双方员工的心理情绪顿时发生了转变。

疙瘩解了

在两位经理的主持和引导下，与会人员就事情的前因后果及其反映出的两个部门职能配合中存在的问题进行了坦诚、深入的交流和探讨，气氛由紧张到松弛、由严肃到活跃，大家开诚布公、就事论事，达成了不少共识，明确了具体的行动方向。

之后，生产部经理建议，生产部和设备部每半个月召开一次这样的会议，将两个部门之间的业务沟通协调机制化，促进双方的职能配合，这一建议得到设备部经理和与会人员的一致赞同。

时间过得真快，生产经理抬手看看表。

"哎哟，同志们，时间也不早了，都晚上六点半了，要不这样，难得有这样的机会，今天晚上我请大家到外面吃顿饭，大家再深入交流一下，大家说好不好？"

"好！"群起响应。

晚餐上，大家觥筹交错，有道歉的、有表决心的，小刘和老王还当着大家的面对饮了三杯。

设备又坏了

过了一周，还是这台设备、还是这个故障、还是这位员工。

"王师傅，下午好！又要辛苦您了！我们的三点焊机又坏了，麻烦您快点儿帮我们修理一下，客户等着出货呢！"员工小刘气喘吁吁地来到维修车间，对维修工老王说。

"这帮粗人！肯定又是野蛮操作！"老王正想头也不抬地说"知道了，没看见我忙着吗"，可是话到嘴边又咽下去了，他想起经理上次说的话，"就算是受点儿委屈，也得把工作做好"，换句话说，就算是他们野蛮操作，设备坏了，该修还得修！

"知道了，我马上过来！"王师傅应道。

这次态度和上次不一样！小刘有点儿意外，内心一阵欣喜。

冲突没有了

来到生产线，员工小刘毕恭毕敬地站在设备旁。

"王师傅，又要辛苦您了！您看有什么要我做的，您尽管吩咐，我帮您打下手！"小刘语气中透出一丝真诚。

王师傅开始修起设备来。

"小刘，帮我把扳手递过来。"

"什么扳手？"

"那把 M12 的内六角扳手。"

"小刘，用煤油把这个零件洗一下，注意要洗干净一点儿，再用抹布擦干。"

"好嘞！"

两个人一唱一和、相互配合，很快就把设备修好了。

"小刘，我跟你说一下：我发现这几次三点焊机的故障都是因为运动部件上的定位螺丝出了问题——拧得太紧了，老被撞击，螺丝容易断；拧得太松了，设备精度又不够。现在，我把它拧到合适的松紧程度并做了一个记号，以后每天开工时一定要先检查一下，紧了拧松一点儿、松了拧紧一点儿。另外这个螺丝每周要更换一次，今天我会把这些要求写进设备点检表中。"

小刘直点头，王师傅收拾好东西要走了，小刘不忘记道谢："王师傅，真是辛苦您了！今天您修得真快！"

王师傅心里美滋滋的，吹着口哨离开生产线，这似乎是他做维修工以来最愉快的一天。

配合默契了

从此，小刘和老王成了好朋友。生产部和设备部配合日渐默契。

从上述案例可以看出，生产部门和设备部门之间的工作关系是典型的价值创造型关系（见图1），即价值可变、目标共享，通过沟通达成一致，双方共同努力把业务做好，创造更大的价值，由双方共同分享。

围绕"适品、适时、适量"的准时制交货目标，设备维护服务于生产，双方既分工又配合，共同做好设备三级维护——生产搞好了，设备维护部门有功劳，设备维护工作没搞好，生产部门也难辞其咎。

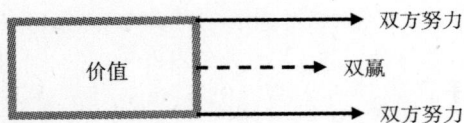

图1 价值创造型沟通模型

其实，企业内部门之间的关系大多都属于上述情形，很多情况看起来是对立的，其实目标是一致的，合作则共赢，不合作则俱损。

从上述案例还可以看出，两个部门之间的配合关系关键取决于这两个部门的"头儿"，如果两个部门的"一把手"定位正确，即使下级开始配合不太好，通过一些事情、经过一些引导，两个部门之间也能跳出相互指责、"势不两立"的怪圈，逐步建立正确的工作关系；反之，如果两个部门的"一把手"定位不正确，就算是下面一开始处得不错，之后没事儿也会搞出一点事儿。

零牌和汉威带来的管理启示
——谈班组业绩考核及其导向作用

祖　林　零牌顾问机构首席顾问

　　目标管理（创业绩）是班组长的第一大职责，在合理制定目标的基础上，如何数字化地评价班组业绩，同时创建一种良性竞争、取长补短、优势互补的机制，进而推进持续改善、实现业绩不断提升，零牌班组整体业绩考核和汉威个人业绩考核案例是平衡记分卡的思想和工具在班组管理工作中的鲜活运用，值得学习和借鉴。

　　一个企业的运作实质上就是一个目标管理体系的运作（见图1），遵循"自上而下分解，自下而上支撑"的原则，企业经营目标层层分解落实，同时下级部门根据实际需要不断细化指标以支持上一级关键业绩指标（KPI）的实现。

　　目标管理是一种以目标为导向的基础管理方法，其实施包括目标制定、过程管理和考核激励三大步骤（见图2），通过提出量化的目标指标，围绕目标找差距，围绕差距找课题，积极推动影响目标实现的主要课题的业务改善，并不断进行阶段性的业绩考核和有效激励，从而使业绩不断提升，逐步达到和超过目标。

　　任何一个部门的管理在本质上都是通过建立一套行之有效的目标管理体系，并使之有效地运作以实现部门目标，同时在这一过程中不断提高部门的业绩能力。

　　班组管理是企业目标管理体系的有机组成部分，是企业目标管理的神经末梢，班组管

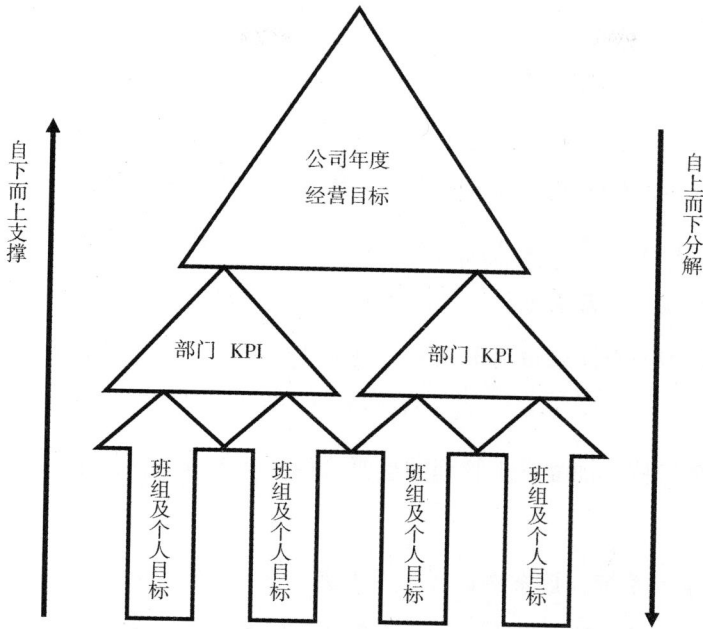

图1　企业目标管理体系原理

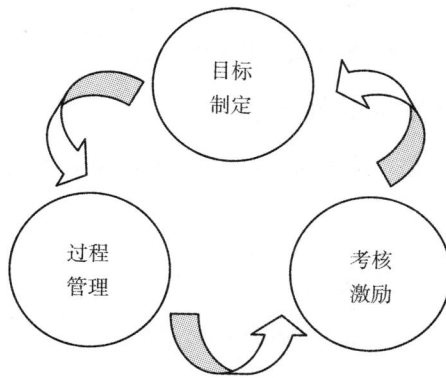

图2　目标管理三步循环法

理是否落到实处直接关系到企业经营目标能否实现，所以，目标管理是班组长的重要职责。完善的班组目标管理体系有很强的导向作用，能够使一线管理资源直接、有效地服务于企业经营目标的实现。

○ 案例 1　零牌班组业绩管理

零牌电器是物流运输装备专业生产厂家，随着企业不断发展壮大，零牌电器建立并完善了班组目标管理体系，将企业目标分解到班组一线，并建立了完善的日常考核机制，做到每日统计、及时核对，每周考核、总结改善，每月评比、激励提升，不断把班组管理做细做精，零牌电器制造部总装班周考核表（见表1）就是一个具体运用。

班组整体业绩考核是加强班组管理的重要途径，从零牌电器总装班周考核表我们可以得到以下启示：

（1）指标选择要系统。该案例选择了四大类十三项指标，而且每一项指标都有明确的定义。系统的指标选择能够引导班组长全面看待班组管理的内容和要求，避免重量轻质的情形。

（2）恰当选择能力指标。尽可能选择实质性的能力指标以深层次把握班组业绩能力和水平，有利于内部和外部的横向比较，避免重任务轻能力的情形。例如，如果仅选择"计划达成率"考核生产，则其横向可比性不大，因为计划易受市场需求等因素的影响，以"有效运转率"、"切换效率"和"生产效率"来评价班组业绩，则可以全面把握生产组织效率，并进行横向和纵向对比。

（3）目标设定要量化。十三项指标都设定了数字化目标，根据"纵向有进步、横向有竞争力"的目标设定原则，考虑目标的可行性，确定阶段性的量化目标，使班组全员工作有方向、易评价，及时发现问题，及时纠正偏差。

（4）权重引导资源分配。权重是指指标的相对重要度，在目标实现度相同的情况下，权重越高的指标获得的评价分值越高。有效运用权重可以引导干部员工将资源配置在相对重要的指标上，同时又避免其他指标偏废。根据企业不同阶段的发展需要，权重可以适当地调整，权重就像指挥棒，使班组管理围绕企业的阶段性重点开展管理工作。

表1　零牌电器制造部总装班周考核表

指标	项目	指标说明	权重	A线数值	A线得分	B线数值	B线得分	C线数值	C线得分	D线数值	D线得分	E线数值	E线得分	F线数值	F线得分	甲线数值	甲线得分	乙线数值	乙线得分
质量指标	缺陷率	平均每百件产品出现的工序不良数	16	211	16	235	14	448	8	558	6	346	10	312	12	964	2	635	4
	QC记录	平均每百件产品发生的质量检验问题	14	3	14	2	16	5.4	8	5.9	6	4.9	10	4	12	13.1	2	8	4
	客户意见或投诉	以质量、客服部门反馈为准	10		0		0		0		0		0		0		0		0
	降级采用事故	因本班组质量问题引发延迟交货事故	10		0		0		0		0		0		0		0		0
	严重、批量事故	以品保、客服和其他部门反馈为准	10		0		0		0		0		0		0		0		0
	退货班组事故	因本班组质量问题导致拒收	一票否决	无		无		无		无		无		无		无		无	
生产指标	计划产量达成率100%	以部门计划为依据	18	95.8%	10	99.5%	16	104%	22	102%	18	96%	14	96%	12	103%	20	105.3%	24
	人均效率	产量/班组人员定编	10	320	6	312	4	304	7	304	8	299	3	314	5	372	9	379	10
	日产量均衡度	日产量波动不超过3%	8	2次	4	1次	6	0次	8	1次	6	3次	2	2次	4	1次	6	0次	8
	平均转产损失	转产损失件/转产次数（设备故障/材料供应影响除外）	8	−21.5	2	没转产	6	−12	5	超产12件	7	没转产	6	−20	3	−18	4	超产14件	8
成本指标	低值易耗品（RMB）	本线完工出货后的平均每件成本,东部工厂定额为0.8元/件,西部为1.2元/件	10	0.25	16	0.33	15	0.6	12	0.58	13	0.99	11	0.46	14	1.61	9	0.69	10
	备品备件（RMB）	本线完工出货后的平均每件成本,东部工厂定额为1.2元/件,西部为1.0元/件	10	0.28	14	0.88	11	2.15	8	0.43	12	0.38	13	1.02	9	0.9	10	0.15	15
安全文明	ISO9000执行及安全生产	以部门综合事务组日常检查结果为准	4	0	4	0	4	3.5	0.5	2	2	0	4	0	4	4	0	3.5	0.5
	合计得分				86		92		78.5		78		73		75		62		83.5
	名次				2		1		4		5		7		6		8		3
	排序得分				93.5		100		85.3		84.8		79.3		81.5		67.4		90.8

（5）建立良性竞争、取长补短的机制。把 8 个班组的业绩放在一起比较，既可以评选出"冠军"、"亚军"和"季军"，又可以评选出"单科状元"；每个班组都可以从横向比较中衡量自己的位置，找到本班组整体业绩最薄弱的指标；让优秀者总结经验、横向分享，不足者明确不足、找准方向，辅以必要的培训、辅导，形成"比、学、赶、帮、超"的良性竞争局面，有效促进全体班组的业绩提升。

（6）运用管理看板营造积极向上的氛围。利用现场管理看板把零牌电器总装班周考核表及时公布出来，同时将成功经验和失败教训总结成书面报告展示出来，把重点课题的改善推进过程和好的改善案例展示出来。信息透明化能有效激发工作的成就感和改善的压力及动力，营造积极向上的工作氛围。运用班会、学习会、研讨会、宣传栏、管理看板、内刊、内部网络等途径进行共享，必要时让当事人当众分享，提高正激励和负激励的效果。

（7）加强班组长业绩辅导。班组整体业绩就是班组长个人业绩的直接反映，上级主管需要据此有针对性地做好班组长的业绩辅导，使班组长掌握问题分析与解决的方法，提升改善能力；组织班组长学习交流会，结合业绩考核和具体事例，就班组管理、业绩提升等内容进行专题交流，从观念、思路、方法、工具、技术、过程管理、人员指导等方面有组织、有计划、有步骤地组织班组长培训、分享、交流和研讨，促进班组长群体能力提升。

俗话说"众人拾柴火焰高"。个人业绩是班组业绩的重要基础，只有班组全体员工全心全意地投入工作、按时保质保量地完成任务，班组整体业绩才有保证。因此，个人业绩考核的设计要发挥这种导向作用。

○ 案例 2　汉威科技仓管人员绩效考核

汉威科技是一家上市公司，下设电机、军工、电力电气、发电机组和中央空调五大事业部。2006 年初汉威科技开始导入 ERP 系统，同时进行分散式物流到集中式物流的整合，原属各事业部的仓管人员亦改由物流部仓管班集中管理。

为改变仓管人员做好做坏一个样、做多做少一个样、工作要求难落实、工作推进不力的局面，配合 ERP 系统导入和集中式物流改革，物流部对仓管人员的绩效考核方法进行了改革，让仓管人员参与方案的提出、讨论和确定，通过量化考核和动态考核（见表2），取得了非常好的效果。

　　个人业绩考核是提升班组业绩的重要途径，从汉威科技物流部仓管人员绩效考核案例中我们可以获得以下启示：

　　（1）让员工参与方案制定。在上级主管主导下，让员工参与方案的提出、讨论和制定，使方案更贴近实际，遵循"我制定，我遵守"的原则，员工参与制定方案的过程就是一次改革动员，能提高员工的接受程度，充分发挥员工的主观能动性，激发员工的工作热情和责任感。

　　（2）员工业绩考核数字化。根据仓管员收发物料次数、保管物品品种数和综合考核等结合相关系数决定员工当月的绩效考核收入，收发物料次数取自企业 ERP 系统，保管物品品种由工作分工决定，综合考核包括5S、工作质量和工作态度，将5S检查、工作差错率统计和上级评价结果转化成对应数据，能够准确、真实地反映员工一个月的工作绩效，获得公平公正的主观共识。

　　（3）系数调节绩效收入。案例2中，系数发挥着权重的调节作用，收发不同品种的物料，其绩效收入不同，原因在于收发一台电机和收发一盒标签的工作量不同而且差别很大，利用系数客观评价不同仓管工作之间的差异，以相对公平地反映工作绩效；另外，保管不同的物料品种虽然工作量有区别，但区别不大，因此保管不同的物料品种均按相同标准计算绩效工资。

　　（4）动态调控、有效激励。根据员工的阶段性表现，对于表现突出，尤其是行为上符合企业价值观又取得了显著成果的员工，利用动态综合调控系数进行有效激励，而对于态度消极、事故多发、屡教不改的员工则进行负向激励。

表 2　汉威科技物流部仓管人员绩效考核表

大项	收发物料次数及绩效收入																			保管物料品种数及绩效收入		综合考核			加班收入	考勤扣工资	动态综合调控系数	绩效考核收入合计	8月收发料及工资收入情况		
序号	1	2	3	4	5	6	7	8	9	10	11	12	13	14	15	16	17	18	19	1		1	2	3	1	1			1	2	3
小项	电工电子收发料次数	工程材料	机电产品	化工材料	制冷配件	紧固件	工具量具	低值易耗	水暖配件	包装物	标识物	工装模具	外协产品	半成品	产成品	仪器仪表	机修配件	收发物料次数合计	绩效收入	保管物料品种数	绩效收入(0.2元/种)	5S工作考核	工作质量考核	工作态度考核	收入	扣工资	动态综合调控系数	绩效考核收入合计	8月收发料次数	8月工资收入	与8月工资差异
系数	0.85	0.5	0.85	0.45	0.85	0.75	0.6	0.6	0.6	0.6	0.65	0.6	0.8	0	0	0.8	0.45														
肖海力	817		20					12			347			44		182		1422	435.92	1217	243.40	220.80	63.36	48		24.40		987.08	2589	1163.693	-176.60
方生	889	144	236	43		620	233	148	12				368					2693	812.30	856	171.20	207.2	65.52	36	44.20			1336.42	4481	1425.585	-89.17
刘润衡	334										135					316		785	249.78	1128	225.60	207.2	70.56	48				801.14	996	806.892	-5.75
黄汉歌	927							9					2			44		982	332.06	1261	252.20	207.2	70.56	48				910.02	1099	903.773	6.25
佟彤	200	56	238	76	8	7	38	112	50	100			14			14		931	265.86	367	73.40	220.8	78.42	60				768.33	1037	682.1	86.23
习德一	40		172	64		561		95	30	76			18					890	268.96	565	113.00	180.92	70.56	48			1.1	681.44	1040	732.925	-51.48
李知青	1				338		174				440			5	5		56	1015	265.84	434	86.80	220.8	78.42	60			1.1	783.05	975	668.496	114.55
何香倪	526	394			269	1183										52		2950	874.44	434	86.80	168.10	42.10	24		54.80	0.8	912.51	1964	761.79	150.72
总计	3704	677	829	183	628	2378	445	379	115	273	922		415	49	5	610	56	11668	3505.16	6262	1252.4	1633.02	539.5	372				7302.08	14681	7145.254	156.83

　　零牌班组整体业绩考核和汉威个人业绩考核案例是平衡记分卡的思想和工具在班组管理工作中的鲜活运用。这两个案例说明，系统化、数字化、公开化的班组业绩管理是实现公开公平公正的重要途径，对一线员工和基层干部有很强的导向作用，能引导全员从行动上关注企业的阶段性重点，提高企业高层和基层的协同度；同时，系统化、数字化、公开化的班组业绩管理也是获得员工认同、有效激励员工的重要措施；结合管理看板、业绩辅导和业绩面谈等管理手段，能够有效促进内部良性竞争、培养一线改善文化。

从葡萄图到记分法

——员工行为考核的量化方法

祖　林　零牌顾问机构首席顾问

员工行为考核是班组个人业绩管理的重要内容之一，从单纯的上级主观评价到葡萄图的运用，员工行为考核向日常化、数字化迈进了一步。随着企业发展和社会进步，这一方法仍显粗糙，不能满足员工客观、公平、公正的激励需求。

本文通过具体案例介绍了国内企业个人行为考核发展的三个阶段，并推荐使用日常记分法进行员工行为考核，使日常化、客观化、具体化、数字化和精细化更进一步，结合班组评优活动将起到促进业绩提升、弘扬班组正气、培养良好风气的效果。

个人业绩支撑班组业绩，责任到人、管理到人、结果到人，个人业绩好才能确保班组业绩好。好的工作行为和好的工作质量是好的个人业绩的前提，要取得阶段性的出色业绩，一定要对员工进行行为考核。

员工行为考核的内容包括工作行为管理和工作质量管理。在国内企业管理实践中，员工行为考核经历了上级主观评价（人事评价）、葡萄图管理和日常记分法三个阶段。

第一阶段 上级主观评价

20 世纪 90 年代中期以前，国内企业普遍没有细化、量化的员工行为考核，一般是在年中（半年）和年底（全年）各对员工进行一次阶段性的表现评价，又称"人事评价"。

评价对象：全员。

评价内容：工作态度、工作能力、工作成绩、工作配合性和工作服从性等。

评价级别：AA 为优秀，A + 为良好，A 为合格，B 为考察，C 为处理。

评价比率：AA 为 10%，A + 为 10%，A 为 70%，B 为 5% ~ 10%，C 为 0 ~ 5%。

评价人员：直接上级（如班长）和上级主管，最终在部门内平衡。

评价方法：对评价内容分别赋予一定的分值，由直接上级第一次打分、填写书面评语并确定人事评价级别，再由上级主管二次评价，最后根据规定的评价比率在部门内进行平衡，确定这一阶段该员工的人事评价（见表1）。

表1　20 世纪 90 年代中期以前的人事评价内容举例

评价项目	评价说明	满分
工作态度	责任心强，工作主动、积极，有强烈的上进心，工作兢兢业业、任劳任怨	10
工作能力	技能熟练，能独立完成本岗位工作，及时发现和报告问题，协助上级分析和解决问题	10
工作成绩	工作质量高，能圆满完成上级布置的工作任务，成绩突出	10
工作配合性	积极配合前后工序、上级干部和相关部门开展业务，不推诿、不拖延	10
工作服从性	坚决执行业务命令，雷厉风行，不讨价还价，个人利益服从整体利益	10
合　计		50

人事评价是员工年中（终）奖和下一阶段工资调整的重要依据，也是评优、晋级和晋职的重要条件。

由于上述人事评价的内容都是主观判断，主要是由上级阶段性做出的主观评价，并非日常化、客观化、具体化的评价，只能在一定程度上反映员工的阶段性表现，有时难以与员工本人的自我评价和班组群体的舆论评价形成一致或共识，经常出现员工不认同、不服气等情形，甚至产生争议、冲突，因此，对员工群体行为的导向作用和激励效果很不理想。

第二阶段　葡萄图管理

20世纪90年代后期开始，不少企业开始使用葡萄图对员工进行行为考核，使之日常化、客观化、数字化、公开化。

○ 案例1　西盛电机制造部葡萄图管理

西盛电机有限公司制造部使用葡萄图进行员工行为考核，以月为单位，每串葡萄有31颗，分别代表某个员工某个月1~31日的行为表现，黑色葡萄表示该日有不良行为，绿色葡萄表示该日正常，白色葡萄表示该日休息。

每人每个月有一张葡萄图，利用葡萄图考核、评价员工一个月的行为表现（见表2），所有员工的葡萄图均在现场公布，考核结果作为月度业绩评价和阶段性评优的重要依据，同时，他们还规定了相应的激励措施（见表3）。

表2　西盛电机制造部员工行为考核记录表

姓名	工号	所在车间	所在班组	领班签名	主任签名
牛松鼓	A0778	转子车间	U1线一班	杨灿烂	包承柳

黑色：行为不良
绿色：表现正常
白色：当日休息

日　期	不良行为或表现记录
1月8日	上午迟到3分钟
1月16日	违规操作造成5台34B型转子短路
1月19日	未按要求清洁设备即开始生产，造成设备被异物卡死
1月29日	不服从工作安排造成停线10分钟
以下空白	
合计	4颗黑葡萄
本人签名	牛松鼓

表3　西盛电机制造部员工行为考核激励措施

项　目		内　容
处罚（负激励）		员工每出现一颗黑葡萄将被扣除当月浮动奖金10元，情节严重者加重处罚
奖励（正激励）	日常考核	一个月内无黑葡萄者奖励"行为奖"30元；连续两个月无黑葡萄者奖励"行为奖"60元；连续三个月无黑葡萄者奖励"行为奖"90元，下一季度增加10%浮动奖金
	"月度之星"	以车间为单位，每月评选一名，当月无黑葡萄且满勤者可参与评比，对"月度之星"给予现金100元和下月增加5%浮动奖金的奖励
	"季度之星"	以制造部为单位，每季度评选两名，给予现金200元和下一季度的15%浮动奖金的奖励
	"年度之星"	以公司为单位，每年评选三名，颁发荣誉证书，并给予现金1000元的经济奖励，下年度工资晋升一级，将工作积极、成绩突出者推荐为领班候选人，接受晋升考核

运用葡萄图评价员工日常表现，其优点是：

（1）实现了由传统的"员工表现评价"向"员工行为考核"的飞跃，由单纯的、阶段性的上级主观评价向日常化、客观化迈进了一步，降低了印象化、主观化程度，可以消除潜在的评价冲突。

（2）借助黑葡萄的数量统计实现员工行为考核数字化，以数字进行综合评价和横向比较，提高员工的认同度。

（3）可以借此实现公开化、透明化，便于员工监督，并引导员工关注日常行为和工作质量。

当然，随着企业发展和社会进步，葡萄图管理仍显粗糙，不能满足员工客观、公平、公正的激励需求，其不足之处是：

（1）在管理精度上尚显粗糙。葡萄图局限于一天一种评价，即"绿葡萄"或"黑葡萄"，不良行为的严重程度在评价中难以恰当反映，不良行为的次数也难以恰当反映，易造成员工"破罐子破摔"的心理。

（2）只有负面评价，没有正面评价。如果员工当天有出色表现，在葡萄图中不能得到反映，不利于鼓励正面行为、弘扬现场正气，建议通过增加"红葡萄"进行弥补，即员工当天有出色表现时记"红葡萄"，据此进行员工综合评价。

第三阶段　日常记分法

2000 年以来，国内企业开始使用记分法对员工进行行为考核。记分法吸取了葡萄图的优点，同时增加了正面评价、区分了行为程度，使员工行为考核更具体、更客观、更精细。

○ 案例 2　奇正电子生产部员工行为考核记分法

奇正电子有限公司生产部采用记分法进行员工行为考核，具体方法是：给每位员工每个出勤日赋予基础分100分，每天根据员工的实际表现及其分类、程度，对积极的、正面的良好表现给予加分，对消极的、负面的不良表现给予减分，每位员工根据一天的表现得到一个总分，一个月下来得到一个月度总分，据此评价员工一个月的整体表现。

奇正电子生产部组织员工、班组长和主管讨论决定了评分的标准，明确了加分和减分的具体评价细则（见表4），做到依据事实、规范评价，只要行为是客观存在的，谁来评价都一样，最大限度地消除主观因素对员工评价的影响，大大强化了员工对评价的认同度。

表4 奇正电子生产部员工行为考核标准

项目	分类	考核标准	行为描述
正面行为	特A类	酌情加分	有特殊表现和特殊贡献的积极行为，由班长根据具体情况提出特别加分方案，报主管批准
	A类	+5分	积极参与班组管理和业务改善，取得了良好效益或减少了浪费、杜绝了事故等行为，包括8种常见情形
	B类	+3分	关心集体、配合同事、支持上级、积极参与现场改善等行为，包括10种常见情形
	C类	+1分	主动工作、提高工作质量、参与改善等行为，包括15种常见情形
负面行为	特甲类	酌情减分	性质特别严重、损失重大、影响恶劣的负面行为或工作事故，由班长根据具体情况提出特别减分方案，报主管批准；必要时当日得分可一票否决（得分为零）
	甲类	-5分	严重的违章违纪或工作质量事故等，包括12种常见情形
	乙类	-3分	重复的低级错误或严重的违章违纪、工作质量事故等，包括15种常见情形
	丙类	-1分	轻微的违纪行为、工作质量问题等，包括23种常见情形

班长根据每位员工每天的行为表现，依据考核标准进行具体评分，并将分数填入员工行为考核记分表（见表5），如果某位员工某日出现了加分和减分的情形，则要将加分和减分的具体表现填写在员工行为考核明细表中（见表6），使之与记分表一一对应，并由当事人和班长签名确认，做到有据可查。

表 5　奇正电子生产部 B 线一班 2007 年 1 月员工行为考核记分表

工号	姓 名	1 日	2 日	3 日	…	…	31 日	月度总分
A0103	严声笑	休	休	99	…	…	…	2058
A0104	李月奇	休	休	104	…	…	…	2205
B0177	张强永	休	休	100	…	…	…	2108
…	…	…	…	…	…	…	…	…

表 6　奇正电子生产部 B 线一班 2007 年 1 月员工行为考核明细表

序号	日期	姓名	考核行为描述	考核分数		本人签名	班长签名
				+	−		
1	3 日	严声笑	未按要求互检，致使上工序不良品流入后工序		−1	严声笑	何光辉
2	3 日	尹朋飞	无故迟到 3 分钟		−1	尹朋飞	何光辉
3	3 日	覃松信	发现 1#机盖板松脱，及时处理，避免了安全事故	+5		覃松信	何光辉
…	…	…	…	…	…	…	…

　　将员工日常行为表现结合个人具体业绩进行月度综合评价和年度综合评价，能充分体现评价的客观性、公平性和公正性。同时，奇正电子生产部通过班组管理看板使员工行为考核做到评价细化、具体化、公开化，通过每日班前会进行针对性的员工教育，更有助于达到良性竞争、弃"恶"扬"善"的效果。

　　考核的目的是提高。在葡萄图管理的基础上，日常记分法使员工行为考核向日常化、客观化、具体化、数字化和精细化更进了一步，是目前越来越多企业采用的员工行为考核方法，结合班组评优活动将起到促进业绩提升、弘扬班组正气、培养良好风气的效果。

令狐冲"历险"记

——班组长培养是上级的责任

祖　林　零牌顾问机构首席顾问

骨干令狐冲，外号"老鼠"，升任装配线 2 班班长，可能是初上任吧，感觉有点力不从心，第一个月"政绩"就不太好，他一直很苦恼。后来采纳个别同事的"友好建议"，在数字上做点儿文章，成绩才"一路飙升"，倍感"转危为安"……结果有一天，主管一大早查夜班，发现了这个问题，于是把"老鼠"骂了一顿。

令狐冲是这样，其他的班长是不是也有弄虚作假的心理和行为呢？于是，主管把所有班长集中到装配线生产现场，之后到会议室召开专题检讨会，希望以此教育令狐冲及全体班长……

本文通过检讨会召开方式的对比分析，说明了传统的一言堂与班组长自主教育在教育效果和人才培养上的极大差别，从现场和部下表现这面"镜子"中，我们可以看到培养班组长、建设一线干部队伍是上级主管的重要责任。

"老鼠！过来！"听到李主管大声呼喊自己，令狐冲不禁打了个寒战。

"真是不看不知道，一看吓一跳，报表上是一片绿色，现场不良品却堆积如山。我如果今天不早点来查看现场，还真以为你这个班出类拔萃！"

令狐冲看到主管手上攥着自己填写的报表（见图1），知道了一切，看来这一次是怎么也瞒不过去了。都怪自己，一直都以为没事的，在晚班下班前两小时把报表填好，在不良数量上做些手脚，白班上班前把不良品及时处理一下就万事大吉，谁知今天……

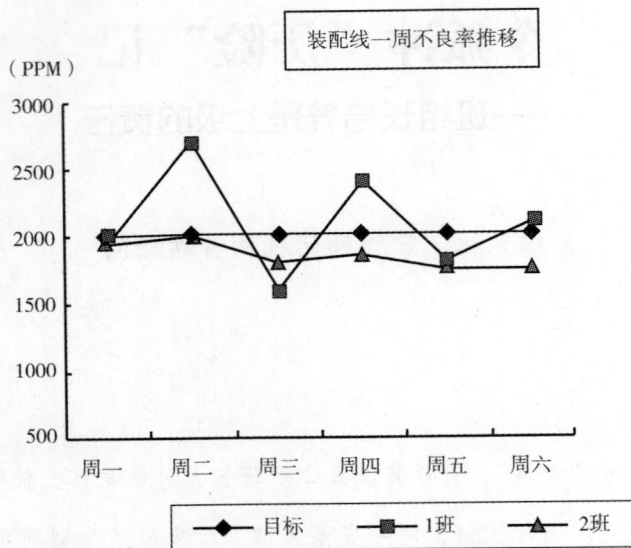

图1　装配线2007年1月26～31日品质业绩

"对不起，主管，都是我不好……"

"你这只狡猾的狐狸！你以为弄虚作假可以解决问题吗？你可以欺上瞒下一辈子吗？自从你担任班长以来，你做了多少实事？真是混蛋！"主管越说越激动。

骂什么人？令狐冲心中有点怒火，但他还是忍住了。

令狐冲是装配线2班的班长，外号"老鼠"，上任三个月。可能是初上任吧，感觉有点力不从心，第一个月"政绩"就不太好，他一直很苦恼。后来采纳个别同事的"友好建议"，成绩才"一路飙升"，倍感"转危为安"……

2007年2月4日，全体加班。李主管到达现场时间为早上6：45，白班上班时间为早上8：00。

早上7：45，总装科所有班长被集中在装配线不良品存放现场。

早上8：00，装配线现场办公室，李主管主持召开专题会议。

方式一　自主教育

"各位早上好！首先，我诚恳地向令狐冲班长道歉！在早上的现场巡查中我对令狐冲班长使用了不尊重和不文明的语言。对不起！"起立，鞠躬。"现在，由令狐冲班长向大家说明一下刚才是怎么回事。"

"大家好！刚才大家也看到了，我刚做班长，生产线不良率很高，工作压力很大，又不知道怎么办，所以就在数字上做文章，少报不良数量，现在我知道错了，请大家批评指正。"令狐冲战战兢兢地说。

"我想，令狐冲班长之所以存在这样的行为和心理一定有其客观的原因，接下来请大家讨论一下，有哪些客观的原因会使我们产生弄虚作假的想法和行为？"会场沉默。

"探讨一下客观原因，请大家解放思想、各抒己见，不要有什么思想压力。"诱导大家。

"我说两句吧。今天看到令狐冲的表现我就想起三年前的我。三年前，我刚被提起来做班长的时候，压力也很大，李主管，我直话直说啊，说得不对请您包涵。我觉得您有一个特点，就是见不得不好的数字，记得我刚做班长的时候工作业绩也很差，有一次您把我叫过来噼里啪啦骂一顿，说：'你怎么做我不管！我只看结果！'我当时压力大得不得了！顿时不知道怎么办，还好，经过一番思索，我去找我的老班长，向他取经，边做边学，慢慢琢磨，经过三个月才缓过气来。

大家都是过来人，从骨干到班长都有一个适应过程，毕竟没做过班长，我们不去教他、指导他、帮助他，出了问题只会说'你怎么做我不管，我只看结果'，碰到心理承受能力不足的同事就难免会想歪点子。"

话匣子一打开，大家你一言我一语就说开了，有人说我们培训太少，碰到问题不知道怎么去分析和解决；有人说李主管您现场抓得不够，出问题两个月才发现；有人说我们车间监督机制不完善……李主管一一记录，有时表态"这一点我今后一定改进"，有时补充，有时引导挖掘，会场氛围渐渐热烈。

"好，大家找了不少问题，这也是我们今后要改进的方向。可是，是不是有这么多客观的原因我们就要弄虚作假呢？弄虚作假有什么危害呢？接下来请大家也来说一说。"

"……"

"好，我总结一下，大家讨论出弄虚作假至少有五大方面的危害……怎么才能做到不弄虚作假呢？"李主管循循善诱，班长们渐渐激昂，有的说我们要加强培训，有的说要完善监督体系，有的说首先主观上要端正认识……

"每个人都要对自己的行为和结果负责任。接下来请大家讨论一下这个事件怎么处理，首先请令狐冲班长说一说，你愿意接受什么样的处理。"

令狐冲站起来："大家好！经过这次会议，我深刻地认识到自己的错误，我愿意接受大家决定的处罚，同时希望大家给我一个改正错误的机会。"

"接下来请大家发表一下自己的意见。"会场静默。终于，有人站了起来。

"（微笑）大家好！我来说两句啊，抛砖引玉，不当之处请大家批评指正！（急转严肃）我觉得这样一件事情发生在一个班长身上，性质是严重的！影响是恶劣的！作为班长竟然弄虚作假，（坚定）这样的人没有做班长的资格！（语气缓和，转为笑脸）所以，我个人的意见就是，（轻轻地）该杀就杀！"

这是第一类人的代表，平时就有点儿看不惯令狐冲，开会的时候轻轻地对另外一个班长说："哥们儿，看到了吧，我以前没说错吧，这样的人也能当班长，现在出事儿了吧……"

第一类人一表态，第二类人就忍不住了。

"大家好！正如刚才大家所讨论的，这件事情的发生跟我们的部门管理也有很大关系，我们每个人都是在犯错误和改正错误的过程中成长起来的，一个新任干部，我们不去帮助他、指导他，出了问题就'该杀就杀'，我们有这么多干部来'杀'吗？所以，我觉得不能这么极端，既要让他承担责任，也要给他改过的机会……"

第二类人未必是令狐冲的"铁哥们儿"，但看问题比较客观公道。

还有第三类人，这类人明哲保身，一般不轻易表态。李主管看他们没什么表现，就直接点名："吴班长，您说说，您有什么建议？"

"嘿嘿，我觉得大家说得都挺好的，这件事主管您决定就行了！"群笑。

"好，刚才大家说得都有道理，综合大家的意见，我提出一个具体方案，原则上按照公司《质量管理奖惩制度》进行处理，根据制度、结合本次事件的具体情况，给予令狐冲班长书面检讨、部门内通报、罚款人民币150元的处罚，并要求其于两日内提交一个书面的业务整改报告。当然，这个事件的发生，我本人也负有不可推卸的管理责任，根据制度，我本人也要书面检讨并罚款人民币100元！大家有什么不同意见？"

"希望今天的事情大家能引以为戒，不要掩盖事实、回避问题，要正视问题，关键是怎么分析和解决问题。现在我宣布：明天早上九点，在第一会议室召开降低不良率研讨会，请令狐冲班长在会前实事求是地做好现状统计工作！希望大家准时参加！散会。"

会后，李主管和令狐冲在小会议室私语。

弄虚作假有什么危害、怎样做到不弄虚作假，这些道理大家并不是不知道，关键是通过工作过程和具体事例，逐步让大家从"知道"转变为"能做到"。

采用引导式教育、自主教育，主管主持、引导、总结，以大家为主来讨论，与会者既是受教育者，也是教育者，在讨论、发言的过程中就在加强认识、认同，同时主管也把自己当作会议的一员参与、补充，最终总结、形成的意见就是大家的意见，无形之中在强化大家的自我约束。

研究表明，人在心理紧张的情况下对别人所说的话理解和接受程度低，在心理放松的情况下理解和接受程度高。通过营造合适的氛围，自主教育方式能释放受教育群体的心理压力，可以提高教育效果。

方式二　一言堂

会议室鸦雀无声。

"（严厉地）大家知道刚才是怎么回事儿吧？知不知道？"李主管见大家不回应，"不知道是吧，令狐冲班长欺上瞒下、弄虚作假，少报不良数量，虚报工作业绩……（语重心长地）同志们！弄虚作假有什么危害大家知不知道？"

环视四周，李主管继续："同志们，弄虚作假至少有十大危害：第一，弄虚作假回避现实、掩盖问题，必将造成'火山爆发'，给公司造成严重损失……（转严厉）明白没有？"见大家还是不回应，目光转向令狐冲："令狐冲，明白没有？"

"明白！"令狐冲见主管点名，赶紧回答。

"大家明白没有？"

"明——白——"看主管要求回应，大家齐声回答，声音粗而沉闷。

"（稍感满意地）好。既然大家知道弄虚作假有这么多危害，那怎么做到务实求真、不弄虚作假呢？接下来我给大家提二十条要求：（转严厉）第一……大家明白没有？"

"明——白——"依然粗而沉闷。可真的理解了吗？不知道。

"好。每个人都要对自己的行为和结果负责任，现在，（强调、坚决）我决定：给予令狐冲班长书面检讨、停职反省一个月、罚款人民币 500 元的处罚！（异常严厉地）大家有没有什么不同意见？"没人吭声，转向令狐冲："令狐冲，有没有什么不同意见？"

"没有。"

"（语气放松，转为笑脸）好，既然大家没有什么不同意见，那今天的会议就开到这里，散会！"

班长们松了一口气，鱼贯而出，个个窃窃私语，其中，一位班长和另一位班长边走边说："哥们儿，看到了吧！令狐冲的今天就是我们的明天！"

采用一言堂方式进行教育，表面上大家理解、接受，主管也有足够的"权威"，实际上大家只是被动参加、单向接收，并不能真正使大家理解、认同，达到心服口服的教育效果。

管理者的产品是员工的行为，不良的行为源于不良的管理。在方式一中，主管把自己放在与令狐冲同一个位置接受处理，这种坦诚自省的言行有感动人的个人魅力。

只会发号施令的干部不是好干部，大大咧咧的干部也不是好干部。从上述案例中我们应该看到，培养班组长是上级主管的责任，指导、帮助、培训、支持班组长，提升其业绩能力和管理水平，这是上级主管的重要工作。

骨干为什么变"老油子"？

——浅谈班组业绩面谈和队伍建设

祖 林 零牌顾问机构首席顾问

班长即将调走的消息使骨干内心一阵欣喜，新班长赴任的通知却令骨干大失所望。"行吧！看看我们新来的领导有什么高招！"

一次正常的班组长轮岗为什么会使一个原本积极向上、尽心尽责的优秀骨干瞬间变成"老油子"？本文通过心理分析和工作分析，揭示了班组业绩面谈和骨干队伍建设的奥秘。

诧异·惊喜·失落

"听说班长要调到别的部门去了！"初听到这个消息，何志强非常诧异，诧异之后内心一阵惊喜。

汉威实业是位于珠三角的一家美资企业，投产五年来业务快速发展，产销两旺，规模不断扩大。何志强是汉威实业制造部完成线员工，自迈出技工学校大门就来到汉威实业，他好学上进、责任心强，进厂三年了，从一般岗位到重点岗位，从单能工到多能工，全面掌握了生产线各工序作业要领和控制要点，是公认的"多面手"，除了做好本岗位工作，还经常主动帮助其他同事。

半年前,生产线把何志强从作业岗位抽调出来,担任完成线交替预备,负责全班的材料组织、进度管理、缺员顶岗、异常控制,还经常帮助班长填写一些管理报表,最近有人还半开玩笑地称他为"未来班长"呢!他也没当真,可是听到班长要走的消息,何志强还是不由自主地心跳了一下,一整天,他都处于一种莫名的情绪之中,既有好奇、兴奋,似乎又有彷徨、等待……

第二天,好友利用工间休息的机会传递消息:"听说我们班长要调到你们完成线,志强,你要换领导啦!"

"真的吗?!"何志强好一会儿才回过神来,他对自己的反应有点儿吃惊,也许发现自己的失态,他很快恢复常态:"没什么啊,谁做领导咱不都一样干?!"可是,他清楚地感觉到自己内心不是滋味。

"行吧!看看我们新来的领导有什么高招!"

面谈·安慰·冲动

"志强,最近工作怎么样?"高主管和颜悦色。

"挺好的。"自从做了交替预备,何志强和高主管的交流慢慢增多,也逐渐熟络,可是这一次见高主管来找自己,他还是觉得有一点儿不太自然。

"有没有什么困难和想法?"高主管没有单刀直入。

"嘿嘿,都挺好的。"高志强也觉得奇怪,以前自己还能说两句,今天怎么啦?

"志强,今天找您,是想和您谈一件事情。可能您也听说了,筹建半年的公司技术中心即将正式运作,根据工作需要,制造部经过讨论,决定将完成线班长古剑力调到技术中心负责性能实验室工作,为此,我们将把组装线班长苏向荣调到完成线担任班长。"看来是真的,何志强强忍内心的失落。

"我们也做过很多考虑。志强，您进厂三年来好学上进、尽心尽责，进步非常快，特别是担任交替预备半年来辅助班长把完成线工作做得很出色，是一个很好的苗子，我们也想过把您提起来担任完成线班长。但综合权衡之下，还是觉得您对生产线熟悉、岗位操作熟练、作业技能全面，但在班组管理方面还要有一个上手的过程……"原来领导还是有所考虑的，何志强心中涌过一丝安慰。

"在管理方面，苏向荣班长恰恰是强项，把他调过来，一方面，他可以和您优势互补，确保生产线高效率运转，进一步提升完成线的管理水平和业绩能力；另一方面，您也可以利用共事的机会，努力向他学管理、和他一起抓管理。希望您珍惜这次难得的机会不断提高自己的管理能力，利用一年左右的时间完成从一个技能骨干向管理班长的转变！"李主管眼神中充满期待，何志强心有所动。

"做班长不仅要靠作业技能，更要有全局观，要掌握必要的管理方法、管理工具，还要恰当处理人际关系，巧妙地和上级、同级、部下打交道，管理也是一门学问啊！"李主管循循善诱。

"因此，希望您全力支持、辅佐苏向荣班长的工作，支持他就是支持我！支持他也就是支持您自己哟！"李主管和风细雨中透着一丝坚毅。

"干部调整后如何把完成线工作做好？接下来我想听听您的建议……"

何志强茅塞顿开，内心突然涌出一股想要表达的冲动。

沟通·学习·转变

"向荣，这次岗位调整您也知道了，新官上任，有什么想法？"李主管单刀直入。

"主管，说实话，起初也有些顾虑，我对完成线毕竟不熟，特别是业务和技能方面。现在我也想通了，进厂五年来我一直在组装线，现在有机会换岗位，这其实是一次挑战！"苏向荣快言快语。

"那就好！我也是从一线做起来的，一个成功的班长不仅能够把业务熟悉的班组管好，还要能够把业务不熟悉的班组管好，靠什么呢？靠的是管理方法！"

"是啊，不熟悉的东西可以学习！"

"学习很重要。其实，完成线并不缺乏业务熟悉和技能熟练的人，比如交替预备何志强就是个多面手，帮助前任班长做了不少事情，所以，您过去，第一是要抱着学习的心态了解完成线情况，和大家沟通好，争取大家的支持，特别是要处理好与何志强的关系，发挥大家的力量使生产线稳定运行；第二是边干边学，提高学习能力，快速熟悉业务；第三是把组装线的管理经验带过去，结合完成线实际和现有好方法，使完成线上一个台阶。"

"不过我有点儿担心，何志强是古剑力的得力干将，我去了以后会不会碰软钉子？"

"这就是您要关注的重点，要敞开心扉、坦诚地争取他的支持，发挥他的优势。志强是个好坯子，您也要好好教一教他，把他的管理能力带上来。我已经和他谈过，他表示会全力支持您的工作。"

"尽快实现从技能型、经验型班长向管理型、知识型班长转变，这是您此次换岗的实质意义！"最后，李主管约定下午三点，完成线新老班长和相关骨干在第一会议室召开座谈会。

从上述案例我们可以得到以下启示：

（1）管理岗位调整涉及多方面。干部轮换不仅直接关系到当事人，还会在很大程度上影响到相关骨干甚至一线员工，决定者应该全面关注当事人、关系者和受影响者，综合考虑，预见性地做好相关工作。

（2）及时的业绩面谈很重要。业绩面谈做得不及时、不充分，原本积极向上、尽心尽责的优秀骨干就可能瞬间变成"老油子"。及时而有效的业绩面谈可以使骨干客观评价自己、明确方向，正确面对正常的工作调整，"给别人机会就是给自己机会"，抓住机会提升自己。

及时而有效的业绩面谈，还可以使相关干部调整心态，恰当处理调整后的工作关系，抓住重点、突破难点，确保工作顺利、业绩稳定，提高处理人际关系和带领团队的能力。

（3）重视后备队伍建设。部门经理、中层主管不仅要重视班组长培养，同时要重视班组长后备队伍的培养，要将关注点下沉到一线骨干，及时发现好苗子、好坯子，并给予关注、关心、引导和辅导，必要时进行正式的后备干部培训，这种"跨级管理文化"有利于企业干部队伍建设，促进人才与业务同步发展。

创业绩、带队伍、播文化，这是当前市场环境下企业对职业干部的三大要求，班组长及其后备队伍建设是部门业绩能力的重要保证。

"囚鸟"出笼之后

——班组长职责定位和资源活用

祖　林　零牌顾问机构首席顾问

星期天，生产线倒班，这对起早摸黑整整忙碌了半个月的员工们来说，简直好比"囚鸟"出笼重获自由。正好员工孙勤的一个老乡过生日，请他去吃饭，他一时高兴忍不住多喝了几杯，结果星期一早上孙勤起床后觉得头痛无力，要请假4小时……4小时后，孙勤来到公司，班长说："别找我！你找调度去！"

班长的处理恰当吗？调度该如何对孙勤进行思想教育？

一次常见的请假处理，不但涉及员工本人，还会影响到台位长和其他员工；一次跨级别的员工教育，不但关系到当事人，还事关员工和班组长的关系、班组长在员工中的威信。本文通过对一个细小案例的深入剖析，揭示了班组长的职责定位、事务处理和恰当运用上下级关系开展工作的奥秘。

唉！也怪自己，没有任何心理准备，一不小心就喝醉了，现在要去见调度，也不知道结果会怎样。走在路上，孙勤懊悔不已。

事情是这样的。星期天，生产线倒班，这对起早摸黑整整忙碌了半个月的员工们来说，简直好比"囚鸟"出笼重获自由。正好一个老乡过生日，请大家去吃饭，孙勤一时高兴便多喝了几杯，今天早上起床后觉得头痛、浑身无力，想请假，又不知道班长的号码，便打给了台长，让他传话"请假 4 小时"……

"班长，不好了，我们台位少一个人，生产线一时开不起来。"台长气喘吁吁地跑过来。

"怎么回事？"

"刚才孙勤打电话过来，说昨天晚上喝多了，现在头痛、浑身无力，上不了班，要我代他向您请假 4 小时。您看怎么办？"

"请假？他明明知道今天要上班，为什么昨天晚上还要喝那么多？不行！你叫他回来！"

台长顿时犯难了，喝都喝醉了，叫他回来，回来顶事儿吗？不但保证不了生产，搞不好还弄出别的事儿来。

"班长，您看，这个电话是不是您给他打更合适？"

"我又不知道他的电话号码。"

"不知道我告诉您，孙勤的电话号码是……"

下次这样的事情还是让员工直接打电话给班长好，台长想。

4 小时后，孙勤来到公司，班长一脸乌云："别找我！你找调度去！"这不，孙勤正前往办公室找调度呢！

"孙勤，你好啊！"一脚迈进办公室，孙勤就听见调度爽朗的声音。孙勤一时不知道说什么好，径直走到调度桌前，有点儿手足无措。

"来来来，请坐！"调度一脸热情，见孙勤不肯入座，"坐嘛，来了就坐一会儿！小李，给孙勤同志上杯茶！"孙勤很不自在地坐下，不知道调度葫芦里卖的是什么药。

"怎么样？孙勤，最近工作如何？"调度语气里充满着关切。

"不怎么样。"孙勤勉强回答。

"怎么说呢？为什么说不怎么样？"

"唉，别提了。昨天晚上喝酒喝多了，今天上午上不了班，结果……"

"哦，怪不得今天早上我看见你们班长在现场紧急调配人员，半个小时都没有把生产线开起来，原来是您老人家喝醉了！"调度似有所悟。

没想到自己给班长造成这么大麻烦，孙勤不禁对自己当时的失控自责起来。

"怎么回事？怎么昨天这么有雅兴呢？"

"最近连续长时间工作，一直没有休息，感觉非常疲劳。昨天倒班，刚好有个老乡过生日，请大家吃饭，不去吧不好，去了不喝一杯又不行，再说我平时就喜欢喝点儿酒解解乏，这一次难得老乡们聚在一起，忍不住多喝了几杯。没想到今天早上起来感觉头痛、浑身无力，于是打电话请假半天，刚才来到公司，班长就叫我来找您。"

"是啊，这个旺季大家都辛苦了！没有大家的努力，我们不可能突破月产200万吨的历史纪录！今年公司销售形势非常好，大家很少休息，确实很疲劳，所以难得的一天倒班时间一定要休息好。"

"调度，我昨晚真是一时糊涂。"

"人之常情嘛！我也喜欢喝点儿酒，适当喝点儿酒确实能解乏，不过要有一个度的把握、要有控制，否则，喝酒过量不但影响工作，还伤害身体呢！怎么样？现在头还疼吗？"

调度的态度令孙勤非常意外，原来还以为调度一定会把自己骂一通的，没想到调度这么善解人意。

"还好，基本没事儿了。调度，那您说这个事情怎么办？"

"孙勤同志，这个事情说大就大、说小就小，关键是看态度。您看这样好不好？我给您出个主意，您呢，好好反省和总结一下，最好写一份检讨书，记住，不是我要您写的，是您自己主动写的。回去诚恳地向班长承认错误，明确表明自己的态度，（语气坚定地）他怎么处理我就怎么处理！（马上缓和）当然啦，孙勤同志您平时工作一直勤勤恳恳，这一次只要用实际行动争取班长的理解和谅解，改了就是好同志！"

孙勤心中的石头落了地，他知道自己该怎么办了。

下午三点，调度与班长在小会议室私语。

第二天早晨。生产线早会现场。

"同志们，早上好！"班长问候大家。

"早上好！"大家整齐有力地回应。

"在布置工作之前，我想先和大家强调一件事情。大家都知道，前天晚上孙勤同志喝醉了，造成昨天早上生产线停线半个小时，这件事情给大家提了一个醒，今年的生产旺季非常繁忙，难得一天的倒班一定要注意休息，又要避免放松过度……当然啦，事情出现之后，孙勤同志承认错误的态度非常诚恳，还主动写了检讨书，明确表示今后将加强自我管理，不再重犯……"孙勤先是一惊，接着自责，稍感欣慰之后更加坚定了自我管理的决心。

从上述案例我们可以得到以下启示：

（1）正确把握"事故"性质是关键。一般人会认为孙勤违反了公司制度（违反制度属于"旷工"行为），实际上孙勤履行了请假手续，只是班长是否批准的问题。

按照公司制度，员工请假应该事前请假、书面请假，获得批准之后才能休假，特殊情况下可以口头请假，回来后须补办书面请假手续。

显然，孙勤采用的是口头请假，这就要判断本次情形是否属于特殊情况。判断特殊情况是以员工当时的身体状况是否能满足工作要求为标准，还是要往前追溯造成这种身体状况的原因？明眼人一看就知道没有必要往前追溯，否则难以令人心服口服。

既然属于特殊情况，对口头请假是否批准呢？若不批准就要让孙勤来上班，孙勤头痛、浑身无力，来上班也满足不了工作要求，还有安全、质量等隐患，因此批准是最适当的做法。

当然，这并不表示孙勤的行为就完全恰当，虽然是无心之过，虽然履行了请假手续，但毕竟对生产造成了影响，所以该教育还是要教育。

（2）班长的处理影响到台长和员工。上述案例中，班长的处理显然只是从工作角度考虑，对员工不够理解和宽容，缺乏感动人的人格魅力，喝醉了还强要人家回来上班，别的员工知道了会有何感想？

"下次这样的事情还是让员工直接打电话给班长好。"台长的想法折射出受班长处理方式的影响，已经有一点儿不太愿意帮助班长承担台位管理责任了。

实际上，最了解台位用人状况的是台长，班长其实可以把决定权放在台长身上（有效授权），如果台长判断不当，班长再进行引导，必要时帮助台长调配人员（支持）。通过这件事情体现出对员工辛苦的理解、对无心之过的宽容、对台长的信任和支持，还能引导台长如何正确地判断和处理事情，可谓一举多得。

（3）跨级别教育要以柔为主、柔中有刚。员工接受跨级别教育时一般都比较紧张，人处于紧张状态下时，心灵是封闭的，表面上都会应承"对"、"是"、"理解"、"明白"，但真正接受度如何往往要打一个大问号。

所以，上述案例中，调度并没有像一般人那样对孙勤进行一番责任心和请假手续的教育，而是采用若无其事，先寒暄使之放松，再逐步切入、逐步引导的方式，让孙勤一步步"倒豆子"，对孙勤所讲的客观原因给予认同和理解，但并不接受这一结果——"要有一个度的把握、要有控制，否则，喝酒过量不但影响工作，还伤害身体呢！"对于有工作意识、有请假行为的员工，不仅从公司的角度，更从关心、理解个人的角度进行教育，有更明显的"攻心"效果。

（4）调度的处理影响到班长的威信。在上述案例中，调度一是协调员工和班长的关系——"怪不得今天早上我看见你们班长在现场紧急调配人员，半个小时都没有把生产线开起来"；二是维护班长在员工中的威信，把处理的决定权放在班长身上——"他怎么处理我就怎么处理"。

试想，如果我们换一种态度会是什么效果："怪不得今天早上你们班长冲进我办公室，说你喝醉了，生产线开不起来，要我协助调配人员！"（把一把"火"烧到班长屁股后头）或是："这个事说大就大、说小就小，改了就是好同志！孙勤同志，你补一份请假单，我给你签一个字，至于班长嘛，我会跟他打招呼。"（以后孙勤对班长就不一定那么"在乎"了）

虽然班长的处理不恰当，但也不能因此打击班长的威信，背后做好班长的教育、指导，在员工面前还是要维持班长的权威，以利于今后工作的顺利开展。

（5）班组长要恰当借助上级力量。上述案例显然是班长"失职"，如果班长碰到了"老油子"，通过恰当设计（策划）、事前沟通、主动借助上级力量对"老油子"进行上下配合的教育，一个唱红脸、一个唱白脸，这才是将好钢用在刀刃上。

一次跨级别的员工教育，不但关系到当事人，还会影响员工和班组长的关系、班组长在员工中的威信。通过上述细小案例的深入剖析，我们可以真切地感悟班组长的职责定位、事务处理和恰当运用上下级关系开展工作的奥妙。

载歌服饰的员工幸福感管理

张　帆　零牌顾问机构管理顾问

　　赣榆东临黄海，与日本、韩国、朝鲜半岛隔海相望，有"徐福故里"的美名，是连云港三大主城区之一。北京载歌服饰有限公司下属中和休闲服装厂（以下简称"载歌服饰"）就坐落在这里，产品通过分布在全国的直营店销售。服装行业作为劳动密集型的产业，面临着典型的人员流动率高、过度依赖手工作业、没有新一代员工接班等各种问题，载歌服饰尝试从员工幸福感管理切入来解决上述问题，在员工满意度、企业生产效率提升和门店业绩增长等方面都有显著的成果。

"我幸（姓）福（伏）"

　　"我幸（姓）福（伏）"，载歌服饰2015年中总结会上，来自工厂PMC的伏祥军经理在发表总结报告时慷慨激昂地对大家说。所有在场人员顿时哄堂大笑，从此伏经理在公司被称作"幸福大叔"。

　　伏经理是一位中年男人，患有小儿麻痹症，走路的时候有点瘸，但是发表报告的时候激情澎湃，在工作研讨时甚至会兴奋地站起来，和大家一起在白板上梳理思路、热烈争论，丝毫看不出他被自己的身体状况所束缚。

　　2015 年，笔者作为零牌顾问机构的管理顾问，参与到了载歌服饰"企业一体化运营"的咨询项目之中，伏经理担任该项目活动简报执行主编，也是从这一刻起，曾经让人觉得有些木讷的他变得"文青"起来。从半年前只会简单地编辑文字，到现在主办每月 20P 的活动简报，伏经理已是得心应手、游刃有余。"将抽象的想法具体化，每月在执笔简报之前，需反复构思整体结构，力图讲出一个清晰生动的故事。"这样琢磨出来的 PPT，更容易让大家理解，理解的人越多，被认同感就越强，伏经理为此感到了喜悦、满足和感恩。原来，伏祥军是用 PPT 编辑简报——编辑得像正式刊物一样精美（见图 1）。

图1　载歌服饰伏祥军和他主编的活动简报

幸福——生活的质量和生命的意义

　　幸福是一个人同时处于爱和被爱状态而产生喜悦、满足和感恩情怀的心理感受。幸福是一种感受良好时的生活状态，是在一定温饱和安全条件基础上，在社会生态环境下，拥有能产生幸福感的要素、机制、动力的生活和生活状态。

工作本身是枯燥的，载歌服饰通过点点滴滴的活动设计，尝试让员工在工作环境中从工作本身和工作之外经常涌现心灵幸福感。2015年上半年，载歌服饰导入了普拉提作为工间操，在上午和下午各安排一次工间休息，全员利用这10分钟得到放松，公司总部、制造中心和门店的全体员工、干部都参与了进来。

刚开始提出导入工间操想法的时候，怀疑的声音纷至沓来：生产本来就紧张，哪还有时间做工间操？工厂都是一些岁数不小的女工，肯定不愿意放开来做这些属于年轻人的"玩意儿"……普拉提是德国人约瑟夫·休伯特斯·普拉提（Joseph Hubertus Pilates）自创的一套独特系列动作，对缓解身体疲劳、训练身体平衡性和柔韧性有很好的效果，从欧洲兴起传遍全球，至今有百余年历史。

载歌服饰领导的果断与零牌顾问机构顾问老师的鼓励，快速推进了这一举措踏出第一步。出人意料的是，基层员工对普拉提这一工间活动充满了热情，无形中也消除了之前的质疑。小镇上的员工大多过着两点一线的生活，普拉提是他们听到的新名词、新玩意，动作简单，谁都可以做；长期工作的肩颈疲劳，在简短活动后得到舒缓，工作效率反而大大提高，丝毫没有影响到预定生产计划。

工间操的音乐和口令都是由商品部的成晓玲在业余时间录制的，节奏舒缓、声音甜美，在同事们听来，那就是身边的主播。每一天，同事们在熟悉的普拉提音乐中舒筋活体，成晓玲的名气也在赣榆工厂和遍及华东华南的近60家门店传播开来，甚至只要她一开口说话，不认识她的人马上就会惊呼"晓玲"。成晓玲"火"了，成了载歌服饰的内部明星，这个曾经默默无闻奋斗在商品一线的小姑娘，如今人见人爱，天天乐在工作中。

普拉提"火"了，晓玲"红"了（见图2），普拉提使同事们幸福，同事们使成晓玲幸福。

图2　载歌服饰的员工在做普拉提工间操

创造机会　留住幸福感

幸福是一种感觉，创造机会让员工感受到幸福（爱与被爱），是员工幸福感管理的前提。在创造员工幸福感的过程中，载歌服饰做了不少的探索。

（1）"文青"式工作创造员工幸福感。制度只能使人做到不出错，要使员工幸福，只有发挥人人心中那份"文青"的特质。载歌服饰伏祥军经理的"文青"特质正是被活动简报激发了出来。

（2）员工参与创造员工幸福感。当代是一个藐视权威的时代，要把管理的对象当作管理的主体。让员工参加组织决策及各项管理工作，上下级处于平等地位讨论重大问题。员工感受到信任，体验自我价值，与组织发展密切相关而产生强烈的责任感。员工参与为员工提供了一个取得别人重视的机会，从而给人一种成就感。反过来，员工参与研究与自己有关的事项而受到激励，又能为组织目标的实现提供保证。

载歌服饰通过项目拉动尽可能多的员工参与（见图3），让员工自己提出自己的改善提案，用员工的名字为活动项目命名……

图3　载歌服饰的基层员工在5S活动横幅上签名

（3）分享让员工随时、随事幸福。每一件新事，每一次体验，每一点成功，每一回挫折……人生的意义在于过程，人生的价值在于创造。当代也是一个分享的时代，让员工出来分享，把分享培养成习惯。载歌服饰充分运用新时期手机文化的魔力，让分享成为文化，发微信就是一种"示爱"（见图4）。

（4）信任创造员工幸福感。相信员工的初衷、相信员工的善意、相信员工的觉悟、相信员工的能力、相信员工的品格……由相信而任用，由相信而赏识。与他人建立彼此信任的关系是人际关系中的最高水平。彼此信任，不仅是最文明、最令人满意、最美好的人际关系，而且也是效率最高的人际关系，企业和员工个体同样也是在相互信任的基础上构建双方的未来。

图4　东海店店长在微信朋友圈上分享新款和自己的团队

（5）积微成著的能力提升，创造工作机会。枯燥和无聊本是生活的一部分，千百次相同的重复才能成就炉火纯青；在简单的重复中追求极致，在无味的训练中积淀升华。从微进步，到持之以恒，才能发生质的突破，进而造就新的机会，这是一种富有正能量的逻辑。载歌服饰注重给员工持续的动力和机会，帮助员工突破能力、创造改变、展现业绩（见图5），从而进一步获得承担更大责任的机会。

图5　载歌服饰的员工逐渐创造仓库的变化

（6）用阅历创造员工幸福感。有能力才会有机会，有机会才会有阅历。第一次获奖，第一次坐飞机，第一次出国……带着好奇，满怀期待，经历人生一个一个的第一次，让载歌服饰的员工心年轻人不老。

年中会议上，邳州店周亚娟说："从小到大一直没出过门，大学比高中离家还要近，下个课都可以回家。2014年经历了很多人生的第一次：第一次去灌南县，坐了很长时间的车，还以为出省了呢；第一次坐火车，才知道还可以从地下穿过；第一次坐高铁，发现那张小硬纸从这边塞进去，'哧溜'一下从那边就出来了，好神奇啊！"

（7）多元化工作状态，创造多元化体验。重复工作带来的枯燥和无聊侵蚀着员工的心灵，创造多元化的工作状态，为员工创造多元化的体验，是保持员工工作兴趣、热情、激情和恒心的必要条件。载歌服饰跳出单纯的组织员工旅游的思路，让玩和学习结合，送优秀员工横渡日本、奔赴华南、探访长三角……（见图6）。

图6　载歌服饰优秀员工飞赴广州和日本参加全球跨界学习

多维度分析　接地气管理

借助严谨的思考，对主观幸福的理解会涉及多个分析层面，其中主要包括认知与情感、个体与群体、横向与纵向、时点与时段等（见图7）。载歌服饰构建了有自己特点的员工幸福感的管理维度，这些维度包含了对公司运营性质、企业地域环境、员工年龄结构、文化素质、社会阅历等多方面的分析与感受。这些分析与感受又取自经营者、管理者和员工对个人、对生活、对企业、对社会及其相互交融发出的声音。

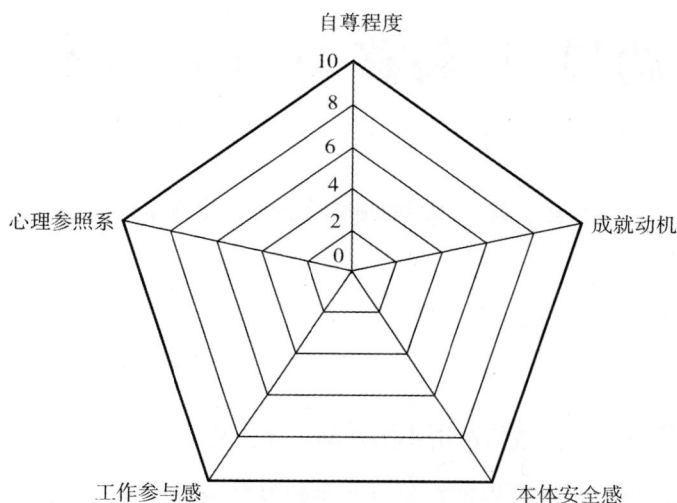

图7 幸福感的多维度分析

幸福感是主观的，对员工幸福感进行管理必然是理性与感性的结合。用员工可以理解的方式，说员工熟悉的话语，站在员工的角度去体会，才能设计出接地气的幸福感管理结构。载歌服饰在走出传统服装行业困境的过程中，基于员工幸福感管理取得了卓有成效的成绩，其他企业也可做一尝试。

跨界 · 转移 · T 形人才

祖 林 零牌顾问机构首席顾问

手机"消灭"了 BB 机，微信冲击中国移动，无人驾驶汽车由 IT 巨头谷歌开发，马云继金融之后进军现代物流……跨界创新是企业突破发展瓶颈的不二法门，也是企业家和职业经理人国际化发展的必由之路。

对于企业内讲师，工作的性质就是跨界，跨界将助力个人职业发展。

跨界：从业务精英到教学者

每个人都渴望成才，成才的第一标准就是成为专家——千万别以为专家仅是行家里手，掌握某个领域的专业知识、达到专业水准就行了！真正的专家是能融会贯通、一针见血的，是会关联思考、系统解决问题的，是擅长教人的。

成才之路，从业务精英向教学者迈步开始。真正的专家是很少干活的，主要是教人干活、组织大家干活。

转移：从会做到会教

做事有做事的规律，教人有教人的规律。从自己会做到会教人做（有意愿而且有能力），从业务精英到教学精英，这是成才的关键阶段，这一步也是最难的：嘴巴在自己身上，手脚却在学员身上。

教学的本质是转移：将技术（技能）从教的人身上转移到学的人身上，通过技术（技能）转移达到工作转移。实际上教学的转移不限于此，还包括价值观的转移、观念的转移、态度的转移、标准的转移、行为的转移和业绩结果的转移。

心理学研究发现：人的一生有四大创富阶段——试错、执行、策划和转移。转移是人生创富的最高阶段，难怪国内一流企业家都热衷于讲课、做论坛。

提高转移的能力是人生后阶段职业发展的重中之重，难道 50 岁之后我们还要在一线拼杀吗？

复合：从专才到通才

有一个很有意思的闪电思考练习叫"专才还是通才"：企业家应该是专才还是通才？职业顾问应该是专才还是通才？职业经理人呢？顶级科学家呢？企业总工程师呢？

无一例外，他们都应该是通才！

企业总工程师为什么必须是通才？因为其职责是"技术集成"（而非技术管理）。

层次越高的人越是通才而非专才。这里所说的通才不是一般人说的"万金油"，而是融会贯通、学识广博、德才兼备的人。

这也激发人们关于成才之道的思考。概括起来，人的成才之道就是：由专到通、先专后通、不专不通。

如何由专才迈向通才？构建 T 字形人才素质结构——一根柱子（深度）、一根横梁（广度）：在某个领域非常专业、精深、细致，同时视野宽广、知识渊博，看问题有高度、有前瞻性、有系统性、有全局观（见图 1）。

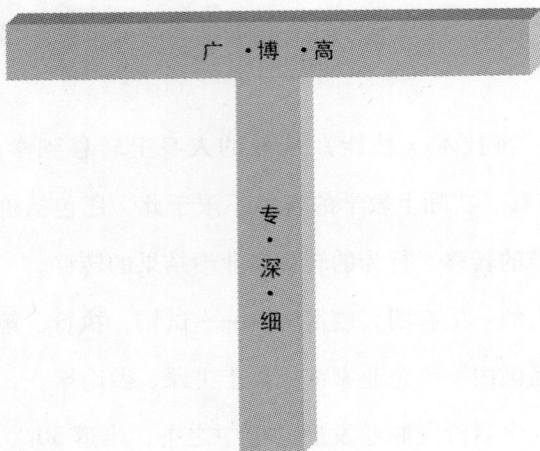

广·博·高

专·深·细

图 1　T 字形人才素质结构

如何构建 T 字形的人才素质结构呢？

先挖深，再站高，正所谓有深度才会有高度，有高度才会有视野、有前瞻性、有全局观。在业务领域要深入钻研，同时要立足一点、纵观全局，看到整个系统全貌以及本领域所处的位置及其关联性，还要从业务实践中不断总结出方法论——思维、方法和工具具备普遍适用性，可以帮助我们在涉足新领域时快速"挖下去"。

柱子是可以转移的，搞生产的被调去做质量管理没问题，销售经理转做采购岗位更能如鱼得水，部门经理提升为副总也不在话下——只是责任范围更大而已，一年适应、两年积累、三年游刃有余。

至于由自己做到教人做，这只是由专才迈向通才的第一步。

说话的智慧

祖　林　零牌顾问机构首席顾问

手在员工身上，脚在员工身上，干部嘴巴动一动，员工就手脚并用。这就是说话的艺术。

看似简单的说话，其实不简单。

说话和做事是干部开展工作的两大具体途径，会说话才能做好事情，不会说话，碍人碍事。

中国话，话里有话。所谓听话听声、锣鼓听音，就是要学会听别人说话。

用眼睛"听"、用耳朵听、用身体"听"，听得别人愿意说、说得别人愿意听，用"心"来听才能听出真言、听出目的、听出言外之意、听出弦外之音。

中国话，话外有话，说话往往在说话之外。

从叫人做事情到教人做事情，教导、关爱、批评、包容和表扬，巧妙说话能够给员工持久的激励，说出诚意、说出感情、说出成果、说出凝聚力。

没有行政约束力还要巧妙调动同级、争取支持。你进他进，你退他退，你让他让，你争他就夺。悟透人吃软不吃硬的心理，说好话不说坏话，示弱不示强，自己说还得别人说、领导说、大家说，见面和不见面，台下和台上，务实和务虚……利益取舍、拿捏进退，体现的是一个人为人处世的灵泛。

位高权重，为己所用。做部下要乖，嘴上要乖，行动上也要乖；既要乖又要不乖，先乖后不乖，用心领悟、适当糊涂。心怀忠诚、善做棋子，推功揽过、为人分忧，换位思考、擅做分析，站高一步、深入三步，在其位主政、不在其位主谋……

"煽"动部下、"说"动同级、"请"动上级，走出大嗓门、大老粗的误区，看似简单的说话，其实不简单！

说话是一种选择。说，还是不说；说什么，不说什么……

说话是一种策略。说什么、怎么说，谁来说、跟谁说，分几次说、什么时候说，用什么方式说、说到什么程度……如果把上述几个要素结合起来运用，就知道说话的策略就是做事的策略。

说话是一面镜子。照出一个人，照出一群人，照出纷繁社会，照出七色人生。

中国文化博大精深，说话往往在说话之外，做事往往在做事之外。跳出企业来看企业，跳出工作来看工作，跳出说话来看说话，透过事业看人生。

说话，不只是张嘴那么简单。

说话入情、入理、入心，做事周全、圆满，做人圆融、圆通，这是人终其一生的至高境界。

看似简单的说话，充满了人生的哲理和智慧。

说到底，说话中的哲理和智慧，是中国社会和中国文化的一个缩影。

名字就是你的品牌[①]

祖　林　零牌顾问机构首席顾问

"与环境对等交流，树鲜明个人形象。"在工作和生活中，能作为独立个体与环境坦诚、平等、公平、客观地进行交流，保持鲜明的个人形象，发挥积极、正面的个人影响，个人与环境相互影响、共同促进。

——祖林《活力 2000：个人活力在哪?》

树什么形象

所谓"形象"，是指我们在环境中获得的整体评价，它没有明确的表现方式，但我们能用心感受到它；它源于我们的一言一行，却没人能完整地说出来；它若有若无地存在，却无时不影响着个人的发展；它是个人阶段性表现的影子，同时又是环境价值观的侧影。

作为企业干部职工，当前我们应该树立怎样的个人形象呢？

首先是诚实守信。诚心待人、善意处事，胸怀宽广，守法、守纪、守时、守诺，建立良好的个人信用。

---

① 原载松下电器（中国）广州基地内刊《ZERO 组立课管理通讯》2000 年 4 月刊。

其次是爱岗敬业。一切从公司利益出发，恪守职业道德，务实高效、积极进取，用态度和结果感动人。

再次是有个人魅力。发挥特长，培养个人特色，不断改善自己，培养人格魅力。

最后是和谐合群。与环境和谐统一，接受环境的约束、指导和促进。在正确价值观的指导下，正直而不冒进，突出而不出格，善待人、团结人、感染人、鼓舞人。

怎样树形象

虽然我们无法直接控制他人对自己的印象，但对如何树立自己在环境中的个人形象，我们还是可以有所作为的。

（1）做好本职工作。这是树立鲜明形象、发挥正面影响的基本。

（2）善于沟通。打招呼、谈心、联络、商量等都是很好的沟通方式，我们尤其要因时、因地、因人、因事、因气氛而选择恰当的交流方式和技巧，注重对方的感受和交流效果。

（3）善解人意。从善意的角度理解人和事，敢于正视自己的错误，帮助困难中人，谅解过失之人，支持上司、协助同事、指导部下。

（4）不断更新意识观念。意识和观念不但符合企业经营方针、满足工作需要，更要与时代和社会发展同步。

（5）不断拓展个人空间。在做好本职工作的同时，关心集体，不断提高自身能力，尝试扩大自己的关心范围和业务领域，追求阶段性的进步和成长。

（6）培养特长。根据自身性格和业务情况，培养特长、发挥个人特色，在环境中充分表现。

经营自己，给你的品牌添金

邵副总经理在公司升职研修课程中曾要求各级干部：把自己作为一个经营实体，建立经营自己的观念。

如是，我们把名字作为自己的品牌，在个人的行动和具体的业务中，用心给自己的品牌增加无形价值，通过品牌效应推动个人的进步和发展。

个人品牌战略，需要我们利用好环境。环境是土壤，我们可从中吸收水分和养料；环境是蓝天，有阳光和雨露，我们在她的怀抱中成长并努力为其添香添色；环境是朋友，我们可以与之倾心交流、相互促进……

【特记】ZERO Consulting 零牌顾问机构萌芽于广州松下，ZERO 取自松下电器（中国）广州基地——松下·万宝（广州）压缩机有限公司内刊《ZERO 组立课工作通讯》，该刊物由时任该部门负责人、现任零牌顾问机构首席顾问的祖林老师于 1998 年 9 月主导创办，由方圆元素构成的刊徽亦由祖林老师设计。

2000 年 8 月，祖林老师在广州松下发表《抓住机遇、锐意改革，提高员工和顾客满意度》的经营研修论文，首次提出松下在中国推出本土品牌 "ZERO"，实施多品牌战略，论文发表于《ZERO 组立课工作通讯》第 24 期。该刊办刊两年，于 2000 年 9 月停办。

2001 年 4 月，祖林老师创办 "ZERO Program 零牌专家组"（工作室）后，将 ZERO 注册为正式商标，作为零牌顾问机构知识产品品牌；2011 年 1 月，零牌实施品牌再造，推出 "ZERO Consulting 零牌顾问机构" 及其保留了方圆元素的新视觉识别系统。

职业生涯规划就在一时一事中

刘小英　零牌顾问机构服务专员

从做事上规划，不会做的事情会做了，不断挑战更高难度的工作；从年龄上规划，30多岁的时候要做30多岁的人该做的事情，有30多岁应该有的收入；从状态上规划，三十而立，四十而不惑；从阅历上规划，读万卷书，行万里路，与优秀的人同步；从境界上规划，每登高必自卑，登高望远，见贤思齐⋯⋯

积跬步以至千里，职业生涯规划就在一时一事中。

提及职业生涯或规划，总感觉这是个很遥远也很庞大的话题，尤其对于初入社会的新人而言。当然自己也不例外，每每周边的朋友谈论职业生涯或规划的话题时，总感觉这是大学时代老师布置规划书作业般老生常谈、毫无新意的话题，同时也是很不着边际的空谈。未来那么遥远、现实那么多变而动态，规划这种事情谁知道呢。

然而短时间内经历了多个曾觉遥不可及的人生第一次后，我对职业生涯规划有了一种全新的认识。

初涉职场，拥抱每一个人生第一次

时间飞快，眨眼间 2016 年已在高调地向我们招手，迎面走来。但 2015 年元旦前被领导告知年后一回来的军训项目要自己去负责时，那种忐忑不安、焦虑、紧张的情绪感现在依然鲜活地刻印在心底。

我还清楚地记得年假前项目涉及的里里外外资源协调、整合，整个过程的创意及细节设计，客户端反反复复不断动态变化的人员、时间，自己几乎要失控了。当时的自己对项目持有很茫然但又期待又恐惧又微微有些抵触的情绪。

在这样的一边自我挣扎、一边努力淡定中，项目如期进行，过程中借力团队的配合与支持，虽有些细节瑕疵，但总体还算圆满、顺利地完成了。

自第一次项目后，接着第二次、第三次、第四次……越来越多的项目机会，自己也一次比一次镇定、从容，一次比一次成长。从原来的害怕、讨厌变化，到现在的以平常心看待，灵活应变每个动态，甚至有时期待并享受这种变化带来的挑战与成就感。

对比漫长的职业生涯，这样的项目只是一个小小的开始，但也因为这样的锻炼机会，我重新认识了职业生涯规划。所谓职业生涯规划，不过就是把整个人生目标阶段性地分解，然后完成一个又一个阶段性目标。

我也相信未来会有更多的人生第一次在等着我去经历、去挑战，我也已做好准备去拥抱属于我的每一个珍贵的人生第一次。

人总要有第一次要经历面对的挑战，才会有第二次淡定处之的经验。

把握好每一个人生第一次的锻炼机会，以最坦诚、开放的心态拥抱每一个人生第一次；带着对过去的思考，好好地活在当下，再好好地面向未来。此时，突然想起前辈分享过的"远望人生 90 年"（见图1），似乎有了些新的感悟。

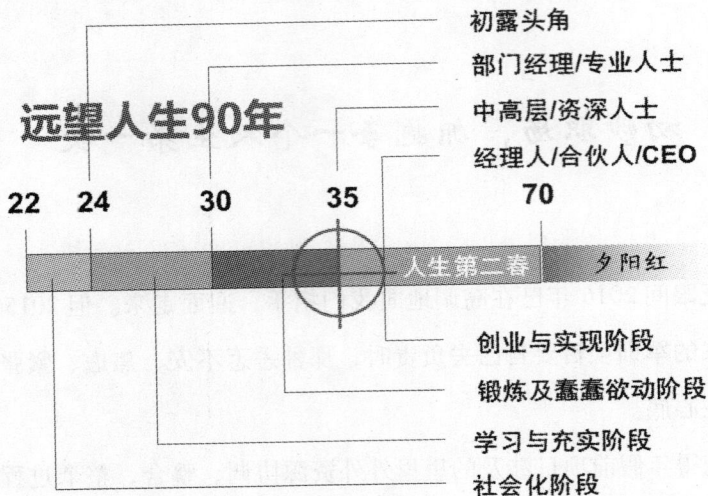

图1　职业生涯规划的时间坐标

人生不设限，总有无限可能

从社会普遍的认知来讲，咨询师、培训师是个非常"高大上"且对师者自身综合能力、社会阅历等有着超高标准的职业。对此的职业定义是：运用专业知识、技能和经验，通过咨询的技术与方法，帮助个人或组织解决问题或提供方案的专业人员。

所以，对初涉职场的自己能进入这样一个行业，我觉得很是庆幸与感激，对公司的老师们更是充满无限的敬意与崇拜，谈笑间便"指点江山"，而自己从未敢想过，总觉得遥不可及。

2015年9月，万万没有想到的是，身为职场"菜鸟"的自己，竟然也悄然迎来了人生的第一堂课，还是和职场前辈们分享职业生涯规划！

"台上一分钟，台下十年功"，听课时不曾有感触，讲课时才真正深有体会，明白其中滋味。现在想想，还是有点身体发抖的紧绷感。

听课，只关注讲师与自己，感兴趣的认真听，不感兴趣的任由大脑去"神游"、去"旅行"。然而对于讲课来说，课堂上真正关注的是学员及学员与自己的互动，并不是简单地照本宣科。过程中有引有导，需激发大家的热情去发散性思考，又需有高度的总结归纳能力把零散的思维系统化、深度化。

漫漫人生路，长长职业生涯，曾觉得自己不能做、不会做、不敢做的有很多，因为总有太多事情是你不曾经历的。

然而经历这人生第一堂课后，我的心态微变：人生不会的、不懂的、没经历过的总有太多，但能与不能谁知道呢，又何必给自己设限、束缚自己呢！

人生不设限，总会有无限可能！此时，我不禁想起松下电器（中国）前总裁、零牌木元塾塾长木元哲老师的名言："青春无耻，青春无忌，青春不言放弃。"

职业生涯规划就在一时一事中

回首两年多职场历练，从懵懂入世、蹒跚上道，到初露头角、主担一面，现在的自己没有了毕业时的飞扬理想、初入职时的忐忑不安，而是务实工作、稳健前行，切实感觉到小步伐与大目标的关系，更加理解前辈们所言及的向内核和向高层发展，以及技术路线和管理路线交织的职业发展路径（见图2）。

从做事上规划，不会做的事情会做了，不断挑战更高难度的工作；从年龄上规划，30多岁的时候要做30多岁的人该做的事情，有30多岁应该有的收入；从状态上规划，三十而立，四十而不惑；从阅历上规划，读万卷书，行万里路，与优秀的人同步；从境界上规划，每登高必自卑，登高望远，见贤思齐……

积跬步以至千里，职业生涯规划就在一时一事中。

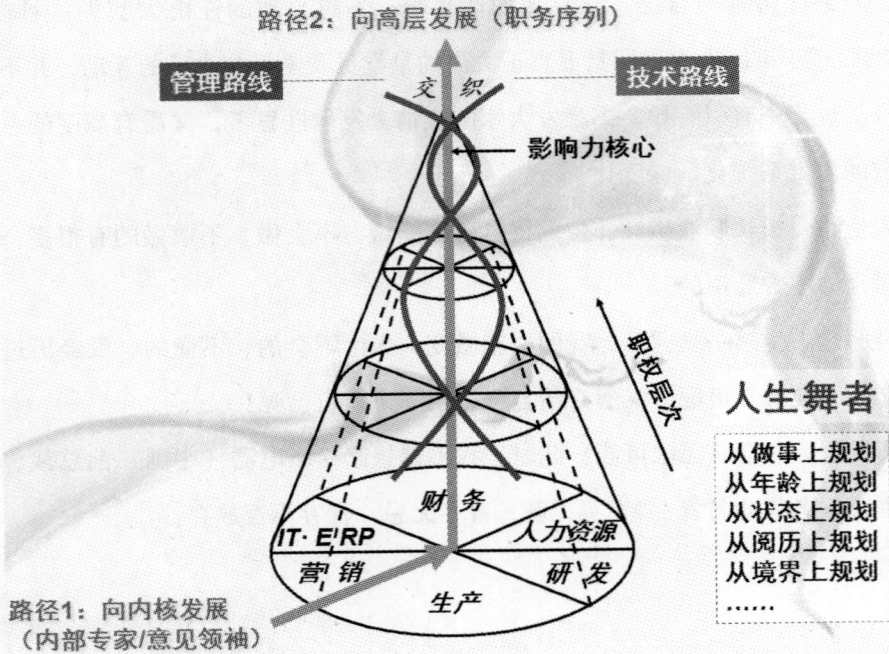

图 2　员工职业生涯规划地图

把心打开，别停下来①

赵雅君　零牌顾问机构营销管理高级顾问、服务总监

心态不同，看待问题的眼光不同；思维变一下，世界就会大不同；把心打开，让阳光洒进来，别停下来。

中和来粤，暴雨变晴

五月的广州是雨水最多的，这个雨季下的叫"龙舟水"。在特别相信风水的南粤人眼里，水主财，水旺即财旺。虽说广州雨水尤浓，但对于第一次出远门的中和人来说，哪怕是在机场等了一天，也没能阻挡我们阳光的心。

此次南粤学习，背负着整个团队的期待，心中还留存着当华南行名单确定的那一刻的纠结；一边是伙伴们眼神中的羡慕和渴望，一边是自己被选中的欢喜，两种情感互相交织。真想把所有的伙伴都带上，世界那么大，我们都想去看看，心灵和脚步，必定有一个在路上。On the way。

这种旅行与学习的结合，还真是一种别具一格的体验，第一次到广州，满满都是好

---

① 原载《载歌服饰〈团队建设与一体化运营〉国内跨界学习（广州篇）回眸》。

奇：香蕉树原来像站立的战士，一片片的大叶子像准备攻击的刺刀，坚强之中突然出现一串镰刀状垂下的果实，顿时增添了几分温柔；还有一根根从空中飘下来的胡须一样的树根，根多、叶繁、树茂，撑起阳光下一方阴凉……渐渐地，我们觉得南北方差异虽大，但都是大自然的恩赐，南方的香蕉树，就算放在北方的温室里，也结不出美味的果实。

物竞天择，适者生存，残酷的淘汰本身就是一种天性，唯有向上进取适应外部的变化，才能永存。

团队协助，共同进步

团队本是一家人。我们平时总是忙于自己手头上的工作，一个猛子扎下去，忘记与别的部门常联系。产品是公司的命脉，它是所有部门的产物，是公司的形象，有好的产品才能让企业基业长青，任何一个环节都输不起。市场更残酷，产品满足不了客户的消费偏好，企业就会岌岌可危。

在日本，经营年限达到千年的企业中，目前的系列产品中保留着创始产品的不到25%。千年企业经历各种风云变迁——技术的更新换代和管理的多种挑战带来的变革，只有未雨绸缪，提前预防，才能千年屹立。综观古今中外，我们会发现一个奇怪的现象：变，才是唯一的不变。

员工的综合素质要提升，业务也会拉动能力提升，新生代员工上岗，要求我们做事的执行方式要改变。信息化时代的今天，唯有培养更多的具备经营能力的管理干部和业务团队，才能快速适应变幻莫测的市场。眼睛盯着市场，功夫下在现场，齐头并进才是好团队。

打开心扉，创造变化

这几年在做培训的过程中，我在遇到一些"目光短浅"又"懒惰"的客户时，会把客户那边的工作抢来做，无论是前面的议程、课室的布置，还是培训后的调查统计……我都帮客户做完。通过这个过程，我们创建了各种各样的模板，可以根据需要快速调用；在统计分析的过程中，我对客户内部的培训趋势了如指掌。

付出了辛勤劳动，收获了快速应对、及时出结果的方法和技巧，更收获了下一次的合作机会和未来合作的方向。减少对客户技能和意识的依赖，这个过程会把客户"惯"得跟大小姐一样，看谁都不顺眼，跟别的机构无法合作。短期看好像是我吃亏了，但长此以往我会变得越来越强大。"刁钻的客户"是老师，"刁钻的同事"更是老师，会拉动我们快速成长。

后 记

发现，度过每一天

清早醒来，天气或晴或阴，躺在被窝里听着窗外鸟儿的叽叽喳喳。这种人与自然的和谐相处，无论在哪里，都会让人心情愉悦。日子天天都是这么过，如果没有人或者没有事情来激发，可能一辈子都在重复着昨天的故事，在重复的过程中度过短暂的一生。

不触动，无思考

从国企到民企、从外企到合资，从一个地方到另一个地方，开始有了各种各样的变化：南方向往北方的大雪纷飞，北方赞叹南方的四季花开，迈开脚步后，视野里有了各种各样的冲击。国内的走动让人觉醒，带着"读万卷书，行万里路"的求知欲望，迈出国门，更让人大开眼界：日本的精细、德国的严谨、法国的浪漫、美国的洒脱……思考，开始思考！

知行世界，《在德国土地上的中国思考》、《日本的匠人文化和中国的成功陷阱》、《求证日本小微企业的品牌经营》……一大批创作在世界各地开花结果。

回想起第一次走进日本，恰巧是秋天，到处都是那种热烈的五颜六色，各色树叶张扬地秀出自己美丽的色彩，将低调的日本房屋包裹起来。晚上在箱根的乡村散步时，天地氤氲，烟气中夹杂着独有的味道，踩着高低起伏的路面和台阶，在柔和的夜灯下享受着属于日本的另一种阴暗美，在安静的大街上与刚下夜班的日本人擦肩而过。在这样的环境中与同事们一起畅谈我们的未来、自己的人生，让漫无边际的意识到处流淌。在这样的小道、这样的夜色里，与同事们谈论一下日本企业所承担的社会责任，聊一聊制造中的门道，《残障人士托起生活的太阳》就是在这里碰撞出来的灵感。

我们所在的这个行业，决定了要常在企业之间行走，经常看到各家的亮点，从战略上来说，每家企业都有自己的方向，落到团队建设、班组管理方面，各有各的特色。益生电子，一家港资企业，把中国香港的"选美"活动引进班组，在内部推行"质量先生"、"质量小姐"班组活动，使企业人才辈出，建立浓厚的质量文化，是国内公认的零缺陷管理实践的标杆企业，其"质量选美"活动的策划立意新颖、效果独特，堪称班组活动设计的典范，《从零缺陷员工评比到"质量选美"》道出了其中的奥妙。每年我们都会带很多学员参访广汽本田的工厂，还没进入厂区，远远就能看到两个四四方方的烟囱，我的同事专门写了一篇《广汽本田"节能减排"推进体系》，与大家一起探讨烟囱背后的故事。

这样的例子数不胜数，一个物件、一个看板、一张照片、一阵味道……全能带来触动，引发一连串的思考。

无碰撞，不成文

很多人问我："为什么零牌顾问机构个个能文能武，上台是优秀讲师，下台是优秀顾问，还能写出好文章？"我只能开玩笑地回答："没办法，被逼的。"2010年前的我们，可以骄傲地说是被自己的梦想拉着走，在祖林老师的带动下，偶尔在杂志上发发稿，领一些稿酬。之后这便成了工作中的一部分，《现代班组》和《中外管理》杂志社开始向我们约稿，《现代班组》还为我们开设了专栏，每个月都要向杂志社交稿，每位同事都变成计划内的撰稿人，创作的灵感怎么来呢？

这全靠工作方式来解决。正襟危坐、一板一眼的会议绝对与创作无关。"李白醉酒诗百篇"，我们当然不会"醉酒"，但小酌一杯还是可以接受的，除此之外，还以各种各样的形式来辅助。

白板上写写画画，书写的过程就是整理思路和梳理框架结构，写在白板上的文字就是文章的排版内容，写出来让大家看，肯定能查缺补漏，结构完整就是在这个过程中完成的。

席地而坐，不拘束，很开放，把事情和经历说出来，各抒己见，在激情澎湃的讨论中，三个臭皮匠也有大家智慧，也把内容完善了。

Coffee Time，磨咖啡豆的过程，相当于古代文人的研磨，手工制作最让人心情舒畅，才思枯竭时起身煮一壶自己磨的咖啡，用咖啡飘香吸引小伙伴，聊上两句，喝一小口，品味不同的味道，也能有不同的思路。

碰撞的形式千千万万，最终的结果还是借力。每个人对生活都十分热爱，眼中看到的世界也不同，鸟儿在叽叽喳喳中交流，我们更应该坦诚相待，汲取所有人对生活的热爱。

留心处处是美景，思考事事皆文章，永葆青春活力，任凭时间老去。

木元哲老师（松下电器前中国区总裁）退休后与我们一起创造，话里最多"为什么"、"好奇怪"、"真有意思"，有好奇心才能发现工作和生活中的微小现象，用"素直的心"来领悟背后隐含的内容，给大家带来更多作品。

常思常新，发现，度过每一天。

零牌顾问机构高级营销顾问　赵雅君
2015 年 10 月　广州

企业顶层设计大地图

企业生命体系统全貌 © ZERO Consulting 零牌顾问机构

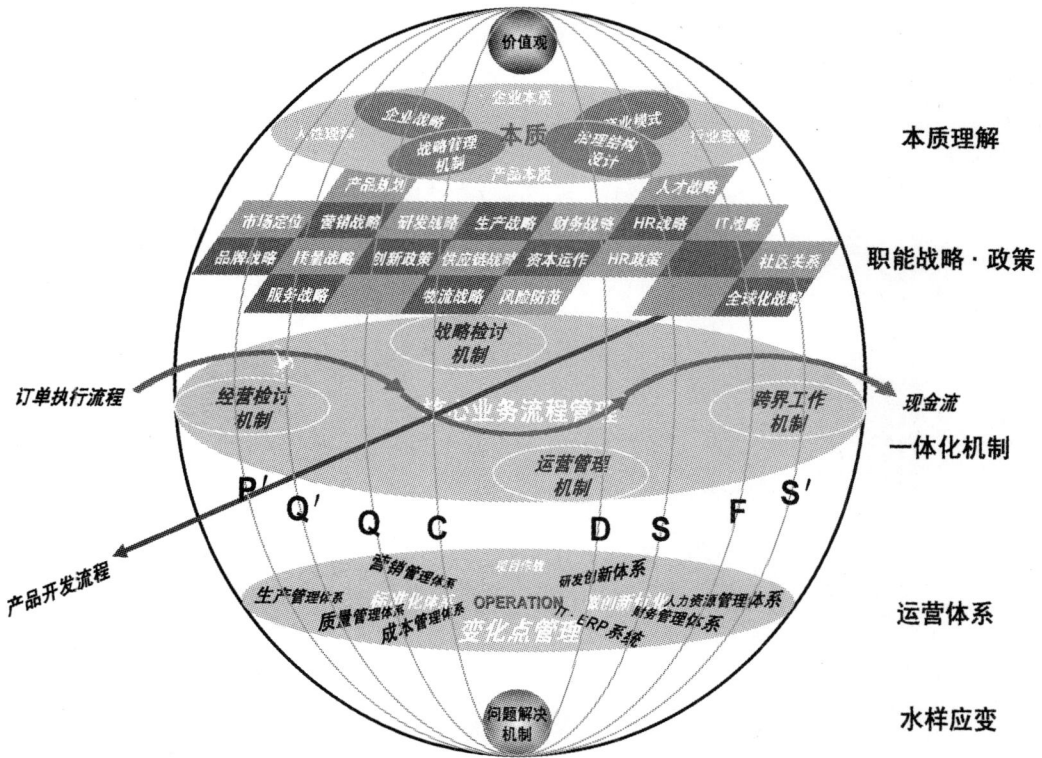

本质理解

职能战略·政策

一体化机制

运营体系

水样应变

订单执行流程

产品开发流程

现金流

价值观

企业本质

本质

企业战略 企业模式 治理结构设计 行业理解

人性理解 战略管理机制 产品本质

产品系列 人才战略

市场定位 营销战略 研发战略 生产战略 财务战略 HR战略 IT战略

品牌战略 质量战略 创新政策 供应链战略 资本运作 HR政策 社区关系

服务战略 物流战略 风险防范 全球化战略

战略检讨机制

经营检讨机制 核心业务流程管理 跨界工作机制

运营管理机制

P' Q' Q C D S F S'

营销管理体系 项目开发 研发创新体系

生产管理体系 标准化体系 OPERATION IT·ERP系统 质量管理体系 成本管理体系 变化点管理 人力资源管理体系 财务管理体系

问题解决机制